Manfred Belok
Helga Kohler-Spiegel (Hg.)

Kirche heute leben
Eine Ermutigung

T V Z

Manfred Belok
Helga Kohler-Spiegel (Hg.)

Kirche heute leben

Eine Ermutigung

EDITION **N Z N**
BEI **T V Z**

Theologischer Verlag Zürich

Forum Pastoral 7

Die Deutsche Bibliothek – Bibliografische Einheitsaufnahme
Die Deutsche Bibliothek verzeichnet diese Publikation in der Deutschen Nationalbibliografie;
detaillierte bibliografische Daten sind im Internet über www.dnb.de abrufbar.

Umschlaggestaltung: Simone Ackermann, Zürich, unter Verwendung einer Zeichnung
von Grégoire Müller, St. Gallen
Satz und Layout: Claudia Wild, Konstanz
Druck: ROSCH-Buch Druckerei GmbH, Scheßlitz

ISBN: 978-3-290-20090-9

© 2013 Theologischer Verlag Zürich
www.edition-nzn.ch

Inhaltsverzeichnis

Vorwort 9

Wir sind Kirche 11

1   Wir sind getaufte Menschen 13

1.1   Meine Ermächtigung und Berufung durch die Taufe
       (Walter Kirchschläger) 13

1.2   Tochter, Sohn Gottes bin ich *(Walter Kirchschläger)* 15

1.3   Mein neues Gewand steht mir gut *(Walter Kirchschläger)* 18

1.4   Gott gibt mir seine Gaben *(Helga Kohler-Spiegel)* 22

1.5   Ich bin nicht allein *(Helga Kohler-Spiegel)* 26

1.6   Wir sind nicht alle gleich *(Eva-Maria Faber)* 30

1.7   Ich bin berufen *(Alois Odermatt)* 33

2   Gemeinsam sind wir Kirche 39

2.1   Wir bauen das Haus auf Felsen – kirchlicher und
       persönlicher Glaube *(Eva-Maria Faber)* 39

2.2   Was wir wollen: keine *Herr*schaft noch *Frau*schaft,
       sondern *Dienst*schaft *(Walter Kirchschläger)* 41

2.3   Willst du überzeugen? *(Helga Kohler-Spiegel)* 45

2.4   Wir brennen in der Ellipse – Taufe und Eucharistie
       (Walter Kirchschläger) 49

3   Wir alle sind keine Engel
        (Rolf Bezjak) 55

3.1   Konflikte und Liebe: eine Auslegeordnung 55

3.2   «Ins Angesicht» – über meinen aufrechten Gang in der Kirche .. 59

3.3   Die Grosswetterlage und das Klima vor Ort 62

4   Wer hat hier das Sagen?
        (Manfred Belok) 69

4.1   Die Kirche ist «eine einzige komplexe Wirklichkeit» 70

4.2   Das (Weihe-) Amt in der Kirche ist um der Menschen
        willen da 72

4.3   Die Kirche ist hierarchisch verfasst – und damit zu
        «heiliger Herrschaft» legitimiert? 76

4.4   Das Duale System der Römisch-Katholischen Kirche
        in der Schweiz 78

Kirche lebt am Ort 83

5   Was lebt an Kirche? 85

5.1   Worauf es ankommt (Andreas Diederen) 85

5.2   Von oben nach unten oder umgekehrt? (Josef Bruhin) 89

5.3   Solidarität und Subsidiarität – ein unverzichtbares Tandem: I
        (Daniel Kosch) 92

5.4   Solidarität und Subsidiarität – ein unverzichtbares Tandem: II
        (Daniel Kosch) 97

5.5   Geschwisterliche Kirche an meinem Ort (Judith Könemann) ... 103

5.6   Jesus Christus in meinem Nachbarn (Daniel Kosch) 106

5.7   Überschaubarkeit – ein Schlüssel zum Leben als Kirche
        (Judith Könemann) 108

5.8   Orte der Menschen – Orte der Kirche *(Leo Karrer)*   113

5.9   Wo Fachsprache nicht vonnöten ist – Volksfrömmigkeit
      (Alois Odermatt)   118

5.10 Die Zeichen der Zeit verstehen *(Leo Karrer)*   122

5.11 Ein Ort, verschiedene Kirchen, viele Religionen
      (Helga Kohler-Spiegel)   127

5.12 Verschiedene Länder, verschiedene Kirchen
      (Eva-Maria Faber)   131

5.13 Nicht im Getto *(Josef Bruhin)*   134

Schlusswort: Heute Kirche leben –
Ein Blick zurück in die Zukunft *(Manfred Belok)*   137

Mitarbeiterinnen und Mitarbeiter an diesem Band   143

Vorwort

«Weil uns die Kirche etwas wert ist, ist es uns nicht egal, was sich in der Kirche tut ...» «Wir sind in grosser Sorge über die Entwicklungen in unserer Kirche; die Errungenschaften des II. Vatikanischen Konzils sind in Gefahr ...» – Solche und ähnliche Aussagen haben wir in den vergangenen Jahren immer wieder gehört. Sie kommen von Menschen, die sich in der katholischen Kirche engagieren, die Zeit und Herzblut in ihre Kirchgemeinde vor Ort investieren, die sich in Gremien auf verschiedenen Ebenen einsetzen – und von Menschen, denen ihr Glaube wertvoll ist und die ihren Kindern etwas davon glaubwürdig mitgeben wollen.

Dieses Engagement von so vielen Menschen ist eindrücklich und kann auch für andere anregend sein. «Heute Kirche leben» ist eine Herausforderung. «Kirche» in ihren vielen Ausprägungen zeigt sich so unterschiedlich – manches davon macht stolz und ermutigt, anderes enttäuscht und frustriert.

Obwohl in diesem Buch beides zur Sprache kommt, haben alle Beiträge ein Ziel: Sie wollen Enttäuschten und Frustrierten neuen Mut machen, sich trotzdem zu engagieren. Deshalb hat sich eine Gruppe von Menschen, denen die katholische Kirche am Herzen liegt, zusammengetan, um vielfältige Aspekte von Kirche zu beschreiben, über sie nachzudenken, sie ins Gespräch zu bringen und zum Weiterdenken anzuregen – weil wir uns sicher sind, dass der christliche Glaube dieses Engagement wert ist.

Untergliedert in fünf grosse Kapitel finden Sie kurze Unterkapitel, die Sie einladen, rund um «Kirche» nachzudenken und mit anderen darüber zu diskutieren. Diese kurzen Abschnitte sind in sich eigenständig, so dass Sie jedes Unterkapitel je für sich lesen können. Sie können sich natürlich auch ganze Grosskapitel im Zusammenhang vornehmen – die jeweiligen Texte ergänzen sich dann, manches wird sich dabei auch wiederholen und zur Vertiefung beitragen. Texte und Fragen laden dazu ein, mit dem Buch ganz konkret zu arbeiten: für sich allein, in Gesprächsgruppen in der Kirchgemeinde, im Pfarreirat oder in der Kirchenverwaltung. Vielleicht ist es auch spannend, einzelne Kapitel mit Jugendlichen und jungen Erwachsenen zu besprechen oder mit älteren Menschen, die die vergangenen Jahrzehnte «Kirchengeschichte in der Schweiz» persönlich miterlebt haben.

«Wir sind getaufte Menschen», «Gemeinsam sind wir Kirche», «Wir alle sind keine Engel», «Wer hat hier das Sagen?» und «Was lebt an Kirche?» öffnen den Blick auf die eigene Berufung und die Begabungen, auf die Spannung zwischen Individualität und Gemeinschaft, auf die Klarheit und die Kompromisse, die dabei hilfreich sind, auf die Möglichkeiten, mit Konflikten umzugehen – und manchmal diese überhaupt ernst zu nehmen. Die kurzen Abschnitte laden ein, sich mit der Vielfalt von Kirche auseinanderzusetzen – letztlich mit dem Ziel, die Zeichen der Zeit zu sehen und zu verstehen. Sie ermutigen, die eigene Stimme zu erheben und einzubringen.

Bei all den Fragen rund um Kirche ist es uns zugleich ein Anliegen, Sinn und Bedeutung dieses Nachdenkens nicht aus den Augen zu verlieren: Im Mittelpunkt bleiben der Glaube an und vor allem die Begegnung mit Gott. Am Anfang, in der Mitte und am Schluss des Buches geben wir diesem Gedanken Raum. Kirche ist dazu da, mitzuhelfen, die Rede von und den Glauben an Gott wach zu halten. Dazu möchten wir Sie einladen, dazu möchten wir Sie ermutigen.

12. März 2013   Manfred Belok und Helga Kohler-Spiegel

Wir sind Kirche

1 Wir sind getaufte Menschen

1.1 Meine Ermächtigung und Berufung durch die Taufe

Walter Kirchschläger

Seinerzeit, irgendwann in unserem Religionsunterricht wurde uns bewusst gemacht, dass unser Leben in der Kirche mit unserer Taufe beginnt. Taufe ist also ein Geschehen, das mich ermächtigt, selbst Kirche zu sein – ein grosses Wort. Wir haben auch gelernt, was im Einzelnen bei der Taufe geschieht – das mit dem Wasser und dem Salböl, mit dem weissen Kleid und mit dem Kreuzzeichen: «Im Namen des Vaters und des Sohnes und des Heiligen Geistes». Es muss also etwas sehr Wichtiges gewesen sein, wenn der Name Gottes über uns feierlich ausgesprochen wurde.

Wenige von uns können sich an die eigene Taufe erinnern. Und doch ist dieses religiöse Geschehen ein ganz entscheidender Anfang für ein ganzes Leben, für ein neues Leben in der Beziehung zu Gott.

Das kommt nicht von ungefähr und auch nicht von selbst. Taufe macht einen Weg verbindlich, der bereits davor angefangen hat. Schon die frühe Kirche kannte diese Praxis: Für jene Menschen, die sich für den Glauben an Jesus Christus intensiver interessierten, gab es entsprechenden Unterricht, um sie stärker mit der Person Jesus Christus und mit den Vorstellungen über ein entsprechendes Leben in der Gemeinschaft «Kirche» vertraut zu machen.

«Durch das Reden kommen die Leute zusammen», sagt das Sprichwort. Auch der innere Prozess, der zur Taufe führt, kann mit einem Zwiegespräch verglichen werden. Irgendwann setzt Gott dafür eine Initiative, oftmals ganz unscheinbar und kaum merkbar, denn unser Gott handelt in der Regel sehr diskret. Ein solcher Anstoss kann dazu führen, dass wir uns intensiver mit Jesus Christus und mit seinem Sprechen und Handeln auseinandersetzen. Das kann zum Nachdenken darüber führen, was er für unser Leben bedeuten und welchen Stellenwert er darin einnehmen könnte. Biblisch gesprochen bedeutet dies, den Weg des Glaubens zu beginnen. Im Hinhören auf das, was wir von Gott erahnen, mag uns aufgehen, welchen Lebensentwurf dieser Gott uns anbietet, vielleicht sogar vorschlägt. «Rufen» nennen das die biblischen Verfasserinnen oder Verfasser. In der Auseinandersetzung mit diesem Lebensvorschlag Gottes versuchen wir, darauf Antwort zu geben, dazu auch Stellung zu nehmen. Das ist nicht einfach. In den Schriften der Bibel findet sich immer wieder das Zeugnis der Unsicherheit: Ich bin doch so jung; ich kann das nicht; schicke einen anderen; warum gerade ich?

Anderseits: Warum *nicht* gerade ich? Gott ist ein geduldiger, zugleich ein hartnäckiger Gesprächspartner. Er geht uns nach, sucht Beziehung zu uns. Seine Anstösse, seine Fragen lassen uns nicht unberührt. So kann vielleicht eine Antwort zur Sinngebung für mein Leben gelingen. Mit unserer Taufe tun wir diesen Schritt und geben ihm eine bestimmte Verbindlichkeit. Getaufte Menschen gehören zu Gott, und Gott gehört zu ihnen. Deswegen das Kreuzzeichen und deshalb der Name Gottes.

Vielleicht werden Sie jetzt sagen: Ja schon, aber ich habe das nicht so erlebt. Natürlich wissen wir nicht mehr, wie das damals als Baby war, als wir getauft wurden. Wir müssen jetzt nicht darüber befinden, ob diese Praxis sinnvoll ist, sondern eher darüber nachdenken, was wir daraus machen. Der Ruf Gottes, der sich in unserer Taufe konkretisiert hat, ist in unserem Leben nicht verstummt, er gilt auch heute. Damals haben Eltern und/oder Paten in Stellvertretung für uns ein Ja zu diesem Gott gesprochen, wie sie auch in anderen Belangen unsere Interessen vertreten haben, bis wir selbst in die entsprechende Verantwortung hineingewachsen sind. Sind wir auch in Fragen unseres Glaubens und unserer Weltanschauung wirklich in diese Verantwortung hineingewachsen, um für uns selbst zu entscheiden und für uns selbst zu sprechen – auch mit unserem Gott? Da ist es vielleicht hilfreich und sinnvoll, dass wir uns bewusst machen, was in frühen Kleinkindertagen mit uns geschehen ist, und dass wir dies in unsere jetzige Lebensplanung mit hineinnehmen. Die folgenden Kapitel werden dazu weitere Anregungen geben.

Taufe ist einmal an uns geschehen, sie bringt Folgen für unser ganzes Leben. Deswegen hat unser Tauftag eine ähnliche Bedeutung wie unser Geburtstag, er könnte auch eine ähnliche Beachtung verdienen – einfach als regelmässige Erinnerung daran, dass uns Gott einen bestimmten Weg für unser Leben skizziert und uns in der Taufe dazu ermächtigt hat, ihn auch wirklich gehen zu können.

Texte zum Weiterdenken

Er [der blinde Bettler Bartimäus] schrie noch lauter: Sohn Davids, erbarme dich. Und stehenbleibend sprach Jesus: Ruft ihn her. Und sie rufen den Blinden und sagen zu ihm: Hab Mut, steh auf, er ruft dich! Der aber, wegwerfend seinen Mantel, stellte sich auf die Füsse und ging zu Jesus. Und ihm antwortend sprach Jesus: Was willst du, dass ich dir tue? Der Blinde sprach zu ihm: Dass ich wieder sehe. Und Jesus sprach zu ihm: Geh, dein Glaube hat dich gerettet. Und sogleich sah er wieder, und er folgte ihm nach auf dem Weg. (Mk 10,46–52)

Fragen zum Weiterdenken

Welche Vorstellungen könnte Gott von Ihrem Leben haben?
Wie wirkt sich Ihr Getauft-Sein in Ihrem Leben aus?
Wie können Sie Ihre Taufe in Ihrem Leben bewusst machen?

1.2 Tochter, Sohn Gottes bin ich

Walter Kirchschläger

Viele von uns haben irgendwann in ihrem Leben den Satz gelernt: Durch die Taufe sind wir Kinder Gottes geworden. Wenn wir erwachsen geworden sind, verliert diese Aussage etwas an unmittelbarer Bedeutung. Denn wir bleiben zwar ein Leben lang auch die Kinder unserer Eltern, aber wir sagen das anders: Wir sind alle in irgendeiner Weise Tochter oder Sohn.

So sprechen wir doch einmal über die Töchter und Söhne Gottes. Das klingt auch etwas bedeutungsvoller und nicht so kindlich. So ist der Ausdruck wohl auch gemeint, denn es geht um eine sehr wichtige Beziehung.

Der Apostel Paulus führt all dies auf das Christusgeschehen zurück. Jesus Christus hat durch sein gesamtes Leben, durch seinen Tod und durch seine Auferstehung die Qualität unseres Lebens und unseres Gottesverhältnisses verändert – so Paulus. Das wird für uns konkret in der Taufe realisiert. Dass bei unserer Taufe der Namen Gottes über uns ausgerufen wurde – «im Namen des Vaters und des Sohnes und des Heiligen Geistes» – soll zum Ausdruck bringen, dass wir Gott zugeordnet sind, sozusagen der Einflusssphäre Gottes angehören. In einer gewissen Weise ist dies auch bei der Taufe Jesu zum Ausdruck gekommen. Drei der Evangelisten erzählen von einem bedeutungsvollen Geschehen: Sie sprechen von einer Himmelsstimme und von den Worten: «Du bist mein geliebter Sohn» – Sohn Gottes also.

Da also ist das Vorbild für das, was Paulus denkt. Es ist mehr als eine sprachliche Übereinstimmung. Denn mit unserer Taufe wird auch das Näheverhältnis zu Jesus Christus deutlich: Wir werden sozusagen ihm an die Seite gestellt. Dass wir in der Regel bei der Taufe unseren Namen bekommen, entspricht ebenfalls dieser Auffassung aus der Antike: Wer für einen Menschen Verantwortung trägt, gibt ihm nach dem Rechtsbrauch auch den Namen. Das sind natürlich die Eltern (damals der Vater), und das ist Gott. So ist es dann nicht verwunderlich, was Paulus schreibt: «Alle seid ihr [Töchter und] Söhne Gottes durch den Glauben in Christus Jesus.»

Wenn Sie diesen Paulus-Text («Texte zum Weiterdenken») weiterlesen, erkennen Sie, dass Paulus daraus gewichtige Folgerungen ableitet; das wird uns später beschäftigen. Im Moment bleiben wir noch dabei: Töchter und Söhne Gottes. Dass sich in der frühen Kirche ein solches Taufverständnis entwickeln konnte, hängt offensichtlich mit dem Selbstverständnis und dem Selbstbewusstsein Jesu zusammen. Halten wir uns vor Augen, was die Evangelisten von seiner Taufe erzählen, so ist es nicht verwunderlich, dass Jesus Gott als seinen Vater anredet und auch in dieser vertrauten, persönlichen Weise von ihm spricht. Aber damit nicht genug. Er lehrt auch die Menschen in seiner Nachfolgegemeinschaft, Gott so anzusprechen: «Wenn ihr betet, so sprecht: Unser Vater …» (Mt 6,9).

Das ist zwar damals nicht gänzlich neu, aber es ist auf jeden Fall auch keine Selbstverständlichkeit. Es bedeutet nämlich, dass zwischen Gott und Mensch nicht eine unendlich grosse Distanz gedacht wird, die gerne als Verhältnis zwischen einem Herrn und seinen Knechten dargestellt wurde. Nein: Christinnen und Christen sind Töchter und Söhne Gottes. Wie als Beleg dafür vermerkt Paulus als wichtige Eigenschaft dieses Verwandtschaftsverhältnisses etwas, was wir auch aus unserer Zivilgesellschaft kennen: Töchter und Söhne sind erbberechtigt. In jeder Eucharistiefeier ermutigt uns die den Gottesdienst leitende Person dazu, diese Besonderheit unseres Lebens ernst zu nehmen: «Wir heissen nicht nur Töchter und Söhne Gottes, wir *sind* es.» Deshalb werden wir auch eingeladen, Gott in entsprechender Weise anzureden: «Vater unser im Himmel».

In seinem Brief an die Kirche von Rom führt Paulus diesen Gedanken noch einen wichtigen Schritt weiter. Er sagt: Kinder haben den Geist ihres Vaters. Hier ist es natürlich als theologische Aussage gemeint. Dass Gott seinen Töchtern und Söhnen jenen Geist mit auf den (Lebens-)Weg gibt, der sein eigenes Handeln mit kraftvoller Dynamik prägt – das ist wohl nicht verwunderlich.

Was da über unseren «familiären» Hintergrund gesagt wird, kann für uns guter Grund für weiteres Nachdenken sein. Es ist kein Anlass für Überheblichkeit, aber es ist für unser Leben in der Kirche Grund zu gesundem Selbstbewusstsein, und für unseren Alltag ist es Ermutigung. Denn eine andere Würde und eine bedeutungsvollere Grundbeschaffenheit des Lebens als dieses Tochter- und Sohn-Sein gibt es nicht.

 Texte zum Weiterdenken

Denn alle seid ihr [Töchter und] Söhne Gottes durch den Glauben in Christus Jesus. Denn als solche, die ihr auf Christus getauft seid, habt ihr Christus angezogen. Nicht [ist da] Jude noch Heide, Nicht Sklave noch Freier, nicht männlich noch weiblich, denn ihr alle seid eins/einer in Christus Jesus. Wenn ihr [zu] Christus gehört, dann seid ihr Nachkommen Abrahams, Erben gemäss der Zusage. (Gal 3,26–29)

Über die Begabung mit Gottes Geist reflektiert Paulus in Röm 8,15.

 Fragen zum Weiterdenken

Was bedeutet Tochter- oder Sohn-Sein für Sie, und wo können Sie das elterliche Moment in Gott verorten?

Was kann es für die Kirche bedeuten, eine Versammlung der Töchter und Söhne Gottes zu sein? Welche Folgerungen können Sie daraus ziehen?

1.3 Mein neues Gewand steht mir gut

Walter Kirchschläger

«Mode regiert die Welt.» Selbst wenn dieses Sprichwort etwas übertrieben ist, ein Körnchen Wahrheit ist ja doch daran: Modezeitschriften boomen, Modedesigner ist ein begehrter Beruf, die Kollektionen bekannter Marken bestimmen den Markt, Bekleidungshäuser wechseln zweimal jährlich ihre Kollektion aus, und das Geschäft macht, wer die neueste Mode anbieten kann. Selbst wenn viele von uns diesen Trend nicht mitmachen, sondern sich quer zur Mode kleiden oder es ausserhalb dessen tun, was gerade «in» ist, so enthält auch das eine Botschaft: Wir bringen etwas zum Ausdruck mit dem, was wir anziehen, sei es eine Haltung, sei es eine Stimmung, sei es eine Überzeugung. Die Älteren unter uns haben noch gelernt, dass «Kleider Leute machen» und dass bestimmte Anlässe und Begegnungen eine bestimmte Kleidung erfordern. Festlichkeit wird gerne mit der eigenen Kleidung unterstrichen, und

eine Hochzeit im Familienkreis löst vielfach eine Neubekleidungswelle aus – ob es uns gefällt oder nicht.

Zur Zeit der Bibel war das offensichtlich nicht anders. Aus der Jesusverkündigung ist die Bildgeschichte vom Hochzeitsmahl bekannt, zu dem zwar alle eingeladen sind, von dem aber dennoch ein Gast entfernt wird, weil er kein Festtagsgewand trägt (siehe Mt 22,1–14). Das ist für uns paradox, und es macht nachdenklich, weil es nicht recht zu verstehen ist. Hinter dem Hinweis auf das Gewand muss wohl eine tiefere Bedeutung stecken.

An anderer Stelle hilft uns die Bibel weiter. Im vorausgehenden Abschnitt (1.2) haben wir gehört, dass getaufte Menschen von Paulus als Töchter und Söhne Gottes bezeichnet werden (Gal 3,26). Lesen wir weiter, was Paulus dort an die Kirchen von Galatien schreibt: «Als solche, die ihr auf Christus Jesus getauft seid, habt ihr Christus angezogen» (Gal 3,27). Da ist also von einem neuen Gewand die Rede, von unserem Taufgewand sozusagen. Es wird ungewöhnlich beschrieben und benannt: «Christus anziehen».

Um den Sinn dieser Aussage besser zu verstehen, hilft es, sich kurz zu überlegen, welche Funktion ein Gewand hat. Abgesehen davon, dass es uns vor unangenehmen Temperaturen schützt, hat es auch die Aufgabe, uns einigermassen vorteilhaft aussehen zu lassen. Es bringt auch unsere Vorlieben zum Ausdruck: Niemand wird ein Dirndl oder eine andere Trachtenkleidung tragen, wenn sie oder er sich darin nicht wohlfühlt; das gilt aber auch für Jeans, für Smoking und langes Abendkleid. Paulus nun sagt: Für uns als Getaufte ist Christus das Gewand. Ob wir uns darin wohlfühlen?

Vielleicht müssen wir uns zuerst fragen, wer dieser Jesus Christus streng genommen ist und was wir über ihn wissen: z. B. über seine Nähe zu Gott und zu den Menschen, seine Solidarität, seine Gemeinschaftsfähigkeit, seine Botschaft von einem guten Gott. Vielleicht wird uns dann neu bewusst, was Getauft-Sein für uns bedeuten kann.

Das Gewand, das wir tragen, hat wohl auch die Aufgabe, uns zu umhüllen und weniger Vorteilhaftes an uns zu verhüllen. Diese diskrete Funktion der Kleidung nehmen wir alle gern in Anspruch. Fachleute kennen diesbezüglich verschiedene kleine Tricks mit grosser Wirkung. Das gilt auch wieder im übertragenen Sinn, dafür aber sehr konkret: Jesus Christus als (unser) Gewand stellt uns nicht bloss, im Gegenteil. Es verhüllt unsere Fehler und Schwächen mit grösster Diskretion. Wiederum bei Paulus könnten wir nachlesen, dass dieses Gewand die vortrefflichste Alltagskleidung bietet, tauglich auch für Krisen- und Stresssituationen (vgl. Röm 12,14a).

Da ist aber noch etwas zu sagen: Das Gewand, das wir mit unserer Taufe anlegen, ist kein Einzelstück aus einer Boutique. Blicken wir um uns: Wir könnten viele Menschen erkennen, die genau diese Mode tragen. Ob uns das sonst gefällt oder nicht: In diesem Fall ist es ein Vorteil, wenn wir mit unserer Kleidung nicht allein sind. Denn so wird nach aussen erkennbar: Wir bilden eine Gemeinschaft, wir gehören zusammen. Gleiches verbindet, sagt wiederum das Sprichwort. Vielleicht könnte das Bewusstsein, das gleiche Gewand zu tragen, uns auch solidarisch machen, uns deutlicher spüren lassen, dass wir zusammengehören.

Die Bibel bietet zu diesem Gewand noch eine Reihe von Accessoires an, die wir anlegen können, bis hin zur Liebe als dem alles zusammenhaltenden und umschliessenden Gürtel (vgl. Kol 3,12–15). So ist unserer Kreativität also keine enge Grenze gesetzt.

Vielleicht prüfen wir einmal unseren Kleiderschrank. Es wäre ja schade, wenn unser Christusgewand nur dort zu finden wäre.

Texte zum Weiterdenken

Denn alle seid ihr [Töchter und] Söhne Gottes durch den Glauben in Christus Jesus. Denn als solche, die ihr auf Christus getauft seid, habt ihr Christus angezogen. Nicht [ist da] Jude noch Heide, Nicht Sklave noch Freier, nicht männlich noch weiblich, denn ihr alle seid eins/einer in Christus Jesus. Wenn ihr [zu] Christus gehört, dann seid ihr Nachkommen Abrahams, Erben gemäss der Zusage. [Gal 3,26–29]

Lasst uns ehrenhaft leben wie am Tag, ohne massloses Essen und Trinken, ohne Unzucht und Ausschweifung, ohne Streit und Eifersucht. Legt [als neues Gewand] den Herrn Jesus Christus an, und sorgt nicht so für euren Leib, dass die Begierden erwachen. [Röm 12,13–14]

Ihr seid von Gott geliebt, seid seine auserwählten Heiligen. Darum bekleidet euch mit aufrichtigem Erbarmen, mit Güte, Demut, Milde, Geduld! Ertragt euch gegenseitig, und vergebt einander, wenn einer dem andern etwas vorzuwerfen hat. Wie der Herr euch vergeben hat, so vergebt auch ihr! Vor allem aber liebt einander, denn die Liebe ist das Band, das alles zusammenhält und vollkommen macht. [Kol 3,12–15]

Fragen zum Weiterdenken

Benötigt Ihr Christusgewand eine Kleiderreinigung?

Hat Ihr Christusgewand vielleicht noch eine Kindergrösse, die dringend den Umtausch auf ein Erwachsenenmodell braucht?

Wann tragen Sie dieses Gewand in Ihrem Leben? Kleidet es Sie nicht sehr schick?

1.4 Gott gibt mir seine Gaben

Helga Kohler-Spiegel

Ein Gottesdienst, drei Jugendliche singen und musizieren – und plötzlich wird sichtbar, was sie können. Für den Versand des Pfarreibriefs ist zum Etikettieren eine Adress-Datei nötig – ein Mann aus der Pfarrei kann helfen. Für das Kinderlager muss noch Kuchen gebacken und verkauft werden – und wieder sind Mütter und Geschwister und Grosseltern da, sogar zwei Väter konnten sich Zeit nehmen.

Es ist nicht selbstverständlich, dass so viele Menschen Woche für Woche in den Pfarreien engagiert sind, an unterschiedlichen Stellen mitarbeiten und das Leben der Kirche gestalten. Die Bibel sagt, hier werden «Geistesgaben» sichtbar, Charismen – Geschenke des Geistes Gottes. Die Atmosphäre verändert sich, wenn in den Pfarreien nicht nur beklagt wird, dass sich immer weniger Menschen engagieren, sondern wenn wieder neu gesehen und gewürdigt wird, wo überall Menschen mitwirken. Kirche ist ein Ort, an dem unterschiedliche Menschen ihre Begabungen und ihre Fähigkeiten einbringen. Umso schmerzhafter, wenn Menschen aufgrund von Lebensform und Geschlecht daran gehindert werden, ihre Fähigkeiten für das Leben der Kirche einzusetzen.

Als Menschen brauchen wir andere Menschen, um mit ihnen zusammen zu merken, was wir selbst gerne tun. Wir brauchen andere Menschen, um zu entdecken, was wir gut können. Wir brauchen deren Rückmeldung, das Feedback, das uns sagt: «Das ist wunderbar. Das machst du gut.» Wir brauchen die anderen Menschen, um unsere eigenen Stärken zu entdecken, wir brauchen die Ermutigung der anderen, wir brauchen ihre Reaktion. Damit zeigen andere Menschen, dass sie uns wahrnehmen, dass sie uns sehen – mit den eigenen Stärken, mit dem, was die einzelne Person kann, was sie besonders macht. Umgekehrt ist es psychisch belastend, wenn längere Zeit Begabungen eines Menschen brachliegen, wenn niemand die Fähigkeiten einer anderen Person sehen und einbinden will. Jemandem seine Aufgabe zu nehmen, die Möglichkeit, sich entsprechend seiner Fähigkeiten einzubringen, ist verletzend und schmerzhaft. Dies gilt beruflich, in der Freiwilligenarbeit und privat. Es geht also nicht nur darum zu fragen, welche Funktionen in der Pfarrei besetzt und welche Aufgaben verteilt werden müssen. Sondern es geht darum, welche Stärken wir bei anderen Menschen sehen, welche Begabungen ... Es geht darum, in den Gemeinden nicht funktionsbezogen, sondern an den jeweiligen Charismen orientiert Menschen zum Mitmachen einzuladen.

Wie gelingt es, dass diese «Geistesgaben» für die Gemeinde genutzt werden können, dass sie nicht zur Konkurrenz untereinander führen? Diese Fragen haben natürlich auch die jungen Gemeinden beschäftigt. Paulus hat ein wichtiges Bild dazu entwickelt: «ein Leib und viele Glieder».

Jesus Christus ist nach Tod und Auferstehung nicht mehr körperlich unter den Menschen, er ist nicht mehr direkt erfahrbar. Aber in den Gemeinden der Christinnen und Christen lebt Christus weiter. Wenn Menschen so leben wie Jesus, dann bleibt Jesus unter den Menschen erfahrbar. Deshalb kann Paulus sagen: Die Gemeinde ist der Leib Christi, jedes Glied hat seine Aufgabe, alle zusammen bilden Christus. «Denn wie der Leib eine Einheit ist, doch viele Glieder hat, alle Glieder des Leibes aber, obgleich es viele sind, einen einzigen Leib bilden: so ist es auch mit Christus» (1 Kor 12,12). Hier ist noch keine Hierarchie vorhanden; kein Glied am Leib ist wichtiger als das andere. Es ist noch nicht festgelegt, wer Kopf und wer Hand und wer Auge ist.

Später dann, im Epheserbrief, der auf Schüler des Paulus zurückgeht, ist von Unter- und Überordnung in diesem «Leib», in der Gemeinschaft der Christinnen und Christen die Rede. Paulus aber hatte – noch – die Gewissheit, dass «in Christus», dass unter den Christinnen und Christen keine festen Hierarchien herrschen sollten. Er kann noch sagen: «Es gibt nicht mehr Juden und Griechen, nicht Sklaven und Freie, nicht Mann und Frau; denn ihr alle seid ‹einer› in Christus Jesus» (Gal 3,28 f.). Damit löst er die religiösen, die sozialen und die geschlechterbezogenen Unter- und Überordnungen von Menschen auf.

Zurück zum Bild des Paulus: Viele Glieder zusammen bilden den Leib, alle Glieder sind wichtig, damit der Leib ganz und gesund ist. Gemeinschaft lebt von der Verschiedenheit, Gemeinschaft heisst dann: Es ist von Gott gewollt, dass wir verschieden sind. Und: Wir brauchen einander. Jeder weiss, dass er/ sie die anderen braucht. Das Beispiel des Paulus ist schlüssig: Wie kann eine Hand zum Fuss sagen: «Ich brauche dich nicht»? Der Kopf kann nicht zu den Füssen sagen: «Ich brauche euch nicht.» Paulus schreibt dann weiter: «Und wenn das Ohr sagt: Ich bin kein Auge, ich gehöre nicht zum Leib!, so gehört es doch zum Leib. Wenn der ganze Leib nur Auge wäre, wo bliebe dann der Geruchssinn?» (1 Kor 12,17). Dieser Aspekt ist bedeutsam. Es soll niemand sagen oder denken: Ich bin weniger wert, weil ich Fuss, und nicht Hand bin. Es soll sich niemand zurückziehen oder gar gekränkt sein: Jede Person hat etwas beizutragen, jede Person möge sich einbringen und die eigenen Fähigkeiten zeigen. Paulus meint wohl: Jede Person ist Teil der Gruppe, der Gemein-schaft, Teil der Pfarrei. Jede Person würde fehlen. Niemand kann dem anderen sagen: Dich braucht es weniger. Es soll aber auch niemand von sich selbst sagen: Mich braucht es nicht so dringend. Jede und jeder hat einen Platz, jede und jeder soll ihn ausfüllen. So einfach ist es. Dann können alle voneinander profitieren. Und eine Pfarrei wird lebendig.

Noch ein Gedanke: Die Qualität ist nicht sichtbar an den stärksten Mitgliedern, sondern an den schwächsten. Paulus betont: «Bring dich ein und übernimm deinen Teil. Denn wir haben miteinander zu tun, wir sind in Beziehung. Zugleich aber kannst du dich darauf verlassen, dass wir dich nicht im Stich lassen, dass sich die anderen mit dir mitfreuen und mit dir mitleiden» – so könnte 1 Kor 12,26 in heutige Sprache übersetzt werden.

Dies gelingt, weil der «Fuss» wirklich «Fuss» ist. Aus modernen Gruppenforschungen ist bestätigt: Rollensicherheit und Rollenflexibilität schliessen sich nicht aus, sondern bedingen sich. Oder anders gesagt: Je klarer die einzelnen Personen ihren Part in einer Gruppe übernehmen und darin wertgeschätzt sind, desto leichter ist es für alle in der Gruppe, ihre Fähigkeiten einzubringen und ihren Platz wirklich auszufüllen. Voraussetzung aber ist, sich kennenzulernen, Fähigkeiten sichtbar zu machen und Aufgaben auszuhandeln. Es bedarf auch klärender Konflikte. Basis für einen solchen Umgang ist, was Paulus so einfach sagt: «Ihr aber seid der Leib Christi, und jede einzelne ist ein Glied an ihm.» (1 Kor 12,27). Das ist eine Zumutung, bis heute, und es ist eine Ermutigung: Wir freuen uns an dem, was jede einzelne Person kann und was sie einbringt. Jede und jeder von uns ist Teil des Leibes, alle gehören dazu, egal welchen Platz jemand in diesem «Leib» einnimmt. Jede und jeder wird gebraucht und braucht die anderen. Da ist nicht vom «Haupt» die Rede, nicht Autorität steht im Vordergrund, sondern bestimmte Aufgaben und Funktionen, die übernommen werden. Und es ist mit Sicherheit betont: Alle in der Gemeinde sind Glieder an diesem Leib, zusammen bilden sie die Gemeinschaft, in der Menschen erleben können, wie Jesus Christus gehandelt und gelebt hat.

 Texte zum Weiterdenken

Lesen Sie 1 Kor 12,1–11, und lesen Sie dann 1 Kor 12,12–13a.
Lesen Sie danach auch noch weiter, am besten ist es, wenn Sie laut lesen: 1 Kor 13,1–13.
Lassen Sie den Hymnus wirken; der Text redet von der Liebe, die Gott selbst ist.

? Fragen zum Weiterdenken

Manchmal ist es gar nicht einfach, fünf positive Eigenschaften von mir selbst zu nennen. Manchmal ist es gar nicht einfach, fünf Fähigkeiten von mir zu nennen, die andere an mir positiv finden. Versuchen Sie es ...

Wenn wir miteinander überlegen, welche Begabungen bei uns, in unserer Pfarrei vorhanden sind – was würde da alles sichtbar?

Wo können Kinder, junge Menschen, Männer, Frauen, alte Menschen ... in der Pfarrei eigene Begabungen erkennen und ausprobieren?

Nenne fünf Begabungen!

1.5 Ich bin nicht allein

Helga Kohler-Spiegel

Wir sind aufeinander angewiesen, wir brauchen einander. Als Kind sind wir ohne Zuwendung nicht lebensfähig, und von alt gewordenen Menschen weiss man, dass Zuwendung einen Teil von Psychopharmaka zu ersetzen vermag. In vermutlich allen Lebensabschnitten kennen wir Einsamkeit. «Je mehr ich um meine Abhängigkeit weiss, desto freier bin ich», konnte Ruth Cohn formulieren.

Wenn kleinere Kinder in eine unsichere Situation kommen, z. B. in einen Raum voll mit vielen Menschen, dann suchen sie Sicherheit, indem sie kurz zu Mama oder Papa schauen oder sich für einen Moment bei ihnen festhalten. Über einen Blick oder ein paar Worte müssen sie erfahren, ob diese Situation «sicher» ist oder ob «Gefahr droht». Ein beruhigendes Nicken der Bezugsperson oder ein stärkender Zuspruch – «ist schon in Ordnung, du musst keine Angst haben» – hilft dem Kind.

Moderne Bindungsforschung hat gezeigt: Sicher gebunden zu sein macht mutig, freier, stärker, widerstandsfähiger gegenüber Belastungen. Mary Ainsworth, eine der bekanntesten Bindungsforscherinnen in den USA, umschreibt «Bindung» als ein «imaginäres Band, das in den Gefühlen einer Person verankert ist und das sie über Raum und Zeit hinweg an eine andere Person, die als stärker und weiser empfunden wird, bindet»[1]. Es ist ein Grundbedürfnis, im Dialog zu sein, um Sicherheit zu erlangen, sich zu orientieren, Angst zu mindern und auch, um z. B. Werte zu vermitteln und aufzunehmen.

Gerade die jüdisch-christliche Tradition beschreibt das Verhältnis zwischen Gott und dem Menschen häufig mit den Bildern von Bindung, Beziehung und Begegnung. «Religio» meint «sich rückbinden», «verbunden sein». «Glauben» heisst in der hebräischen Wurzel «festhalten». Es ist die Bewegung des kleinen Kindes, wenn es sich in einer unsicheren Situation am Rockzipfel, an den Hosenbeinen von Mama oder Papa festhält. Solange Menschen sich sicher fühlen, ist ihre Bindung einfach da. Erst wenn etwas im Leben unsicher wird, wird sie bewusst aktiviert – das gilt für das zwischenmenschliche Bindungsverhalten genauso wie im Religiösen.

Die jüdisch-christliche Tradition hat als einen ihrer Kernbegriffe das Wort Bund. «Bund» versucht in Worte zu fassen und zu reflektieren, wie Gott zum Menschen steht: Bei aller Bandbreite der biblischen Überlieferung ist die Zusage Gottes von Heil und Segen dominant – sichere Bindung, über den Tod hinaus. Die Antwort des Menschen auf dieses Beziehungsangebot ist das «Festhalten», wie ein Kind bei der Mutter – glauben.

Wir brauchen einander, weil wir Bindung brauchen, weil Bindung das «Hauptnahrungsmittel» des Menschen ist. Christlicher Glaube und pfarreiliches Leben machen das immer wieder bewusst und wollen dies konkret ermöglichen: Wir sind miteinander verbunden, nicht nur auf der Basis indivi-

---

1 Zitiert nach *Grossmann, Klaus/Grossmann, Karin:* Bindungen – das Gefüge psychischer Sicherheit, Stuttgart ⁵2012, 71.

Bindung ... imaginäres Band
zu einer anderen Person

dueller Gefühle, sondern in der gemeinsamen Zugehörigkeit zum christlichen Glauben.

In diesem Glauben wird von Gott als JHWH gesprochen – übersetzt mit «Ich bin bei Dir. Ich bin da, als der ich da sein werde.» In einem Text für 9-jährige Kinder heisst es:

«Sag es mir

Sag es, wenn ich mich verkriechen möchte,
wenn ich meine Familie nicht sehen mag,
wenn ich genug habe von der Schule.

Sag: Ich bin bei dir.
Sag es, wenn die schlimmen Träume kommen,
wenn ich in der Nacht aufschrecke,
wenn ich am Morgen nicht aufstehen mag.

Sag: Ich bin bei dir.
Sag es, wenn mein Herz klopft,
wenn ich die Nähe der Eltern suche,
wenn ich vor mich hinträume.

Sag: Ich bin bei dir.
Sag es, wenn ich an meine Zukunft denke,
an den späteren Beruf
und an die Jahre, die vor mir liegen.

Sag es immer:
Ich bin bei dir.»[2]

Wenn wir es nur glauben können, wenn wir es nur immer wieder erfahren können ... Es ist gut möglich, eigene Strophen zu formulieren.

Bei vielen Unterschieden, die im Zusammenleben von Menschen sichtbar werden und manchmal auch belastend sind, bei vielen Herausforderungen, die pfarreiliches Leben hat, es ist dieser Glaube, der verbindet: Nicht allein zu sein, im Glauben an Gott begleitet und gebunden zu sein – über den Tod hinaus. Und dies einander immer wieder erfahren zu lassen: «Du bist nicht allein.»

Dann werden die Überlieferungen der Evangelien lebendig und konkret erfahrbar für uns, z. B. die folgende Erzählung: Einer ist im Abseits, auf einem Baum hockend, er möchte dabei sein, aber bei den Menschen hat er seinen Platz verspielt. Zachäus ist sein Name (Lk 19,1–10). Da sagt einer: Du bist nicht allein, du bist nicht ausgeschlossen. Komm, ich gehe mit dir ...

Taufe verbindet Christinnen und Christen miteinander. Pfarreien sind ermutigt, ein Ort zu sein, an dem erlebbar wird: Wir sind nicht allein, hier sagt jemand: «Komm, nimm Platz.» Schmerzhaft bleibt, dass diese Grundbotschaft auch innerhalb von Kirche behindert wird. Dennoch – in jeder Pfarrei können wir uns gegenseitig erfahrbar machen: Wir sind nicht allein, hier sagt jemand: Komm, nimm Platz ...

---

2 Anonym überliefert, zit. nach: *Kohler-Spiegel, Helga:* Über uns selbst hinaus ... Bindungserfahrungen und Religion, in: *Kalcher, Anna Maria/Lauermann, Karin (Hg.):* Kompetent für die Welt. Bindung – Autonomie – Solidarität. Tagungsband der 59. Internationalen Pädagogischen Werktagung Salzburg, Wien 2010, 143–161, 154.

Fragen zum Weiterdenken

Wo bin ich selbst «zuhause»? Wo bin ich «gut gebunden», wo bin ich in guter Beziehung verankert?

Wie viel Nähe, wie viel Distanz brauche ich, brauchen wir in unserer Pfarrei, damit mir wohl ist – und ich nicht alleine bin? Was tue ich dafür, dass ich mit anderen Menschen in meiner Pfarrei gut verbunden bin und zugleich genügend Freiraum habe?

Was mache ich, wenn ich mich einsam fühle? Wie lauten meine Strophen, in denen ich bitte: «Sag: Ich bin bei dir. / Sag es, wenn ich … / Sag es immer: Ich bin bei dir.»

1.6 Wir sind nicht alle gleich

Eva-Maria Faber

«Ich wollte, alle wären wie ich», dieser Wunsch entschlüpft dem Paulus in seinen Ausführungen um Ehe und Ehelosigkeit (1 Kor 7,6). Oft uneingestanden steckt wohl in jeder und jedem manchmal ein ähnlicher Seufzer. Es ist nicht immer leicht, mit anderen Temperamenten und Lebenseinstellungen oder in der Kirche mit anderen Spiritualitäten zurechtzukommen! Derselbe Paulus beschreibt in demselben Brief nur wenige Kapitel später im Bild des menschlichen Leibes jedoch ein anderes Modell des Zusammenlebens. Denn der Leib besteht nicht nur aus einem Glied, sondern aus einer Vielzahl unterschiedlicher Glieder, deren Unterschiedlichkeit erst den Leib lebendig und funktionsfähig macht. «Wenn der ganze Leib nur Auge wäre, wo bliebe dann das Gehör?» (1 Kor 12,17). Wenn alle wären wie ich – dann fehlten jene Fähigkeiten und Begabungen, die andere einzubringen hätten. Wenn alle wären wie ich, dann könnten in Kirche, Gesellschaft, Familie, Verein nicht alle Aufgaben kompetent übernommen wären. Wenn alle wären wie ich, dann könnte mir niemand bei dem beistehen, wofür ich selbst einfach nicht begabt bin.

Wenngleich es spontan manchmal schwierig ist, die Eigenheiten anderer anzunehmen, ist es eine Sache sogar schon von Nützlichkeitserwägungen, sich zu vergegenwärtigen, wie sehr menschliches Zusammenleben auf gegenseitige Ergänzung angewiesen ist. Über eine solch berechnende Kalkulation hinaus führt die Erfahrung, wie die Talente anderer Menschen nicht selten gerade dann Respekt auslösen, wenn sie ganz anders geartet sind als die eigenen Fähigkeiten. Noch schöner wäre es, sich ganz einfach von Herzen an dem freuen zu können, was andere vermögen und einbringen. Erst verschiedene Töne bilden eine Melodie, und erst verschiedene Stimmführungen einen mehrstimmigen Gesang. Schönheit lebt vom Zusammenspiel des Vielfältigen.

Für die Kirche ist dies oft am Beispiel der verschiedenen Aufgaben, der verschiedenen Charismen und der verschiedenen Dienste beschrieben worden, so wie es Paulus bereits anklingen lässt. Apostel, Propheten und Lehrer ergänzen sich ihm zufolge gegenseitig; die einen haben die Gabe, Krankheiten zu heilen, andere die Gabe zu helfen, wieder andere die Gabe zu leiten. Wir könnten heute sagen: Die einen bringen ihre organisatorischen Fähigkeiten ein, andere ihre musikalische Begabung, wieder andere ihre professionelle Kompetenz in der Verwaltung von Kirchengütern, wieder andere haben das Talent, ihren Mitmenschen im Zuhören und Beraten zur Seite zu stehen. Im Idealfall können alle das einsetzen, was sie mitbringen, und liegen auch jeder hauptamtlichen, beruflichen Indienstnahme von Menschen in der Kirche entsprechende Charismen zugrunde. Dass dies nicht immer gelingt: dass einerseits Begabungen brach liegen bleiben und andererseits Aufgaben übernommen werden ohne das entsprechende Talent, gehört zum Zwielicht unserer irdischen Existenz. Es sollte vermieden werden, wird aber nicht immer vermeidbar sein.

Diese Einsichten lassen sich aktuell noch anders auslegen. Die einen in der Kirche haben die Neigung, sich um die Bewahrung überkommener Traditionen zu sorgen. Die Aufmerksamkeit der anderen richtet sich auf die Frage, wie wir das Evangelium in der zeitgenössischen Kultur verstehbar verkündigen können. Meist nennen wir die einen «konservativ», die anderen «progressiv». Polarisierungen entstehen dadurch, dass diese Anliegen sich voneinander isolieren. Dann zählt – im Extrem – für die einen nur noch die Tradition ohne deren lebendige Weiterentwicklung und für die anderen nur noch eine Umarmung der Gegenwart ohne Wurzeln in der eigenen Tradition. Wenn aber die respektvolle Anerkennung des jeweils anderen Anliegens ausfällt, treiben sich beide Seiten auf unheilvolle Weise immer mehr in die Verabsolutierung ihrer jeweiligen Position hinein. Könnten wir beides gegenseitig (!) so schätzen ler-

konservativ – progressiv

nen, dass es ein gesundes Zusammenspiel von Pflege des Bewährten und Offenheit für neue Horizonte gibt?

Noch etwas anders gewendet: Die einen finden leicht Zugang zu Kunstschaffenden. Die anderen treffen die Wellenlänge von Jugendlichen. Wieder andere sind im Gespräch mit Politikern. Dann gibt es solche, die mit Obdachlosen, mit Managern, mit jungen Eltern, mit Migranten im Gespräch sind. Wenn alle auf ihre Weise ihre Kommunikationstalente einbringen – und wenn alle dafür Raum geben –, finden im Leben der Kirche ganz unterschiedliche Bevölkerungsgruppen und Generationen, Frauen und Männer aus denkbar verschiedenen Berufen und Milieus Raum. Denn: solche Vielfalt braucht die katholische Kirche.

Texte zum Weiterdenken

Wie wir an dem einen Leib viele Glieder haben, aber nicht alle Glieder denselben Dienst leisten, so sind wir, die vielen, *ein* Leib in Christus, als einzelne aber sind wir Glieder, die zueinander gehören. Wir haben unterschiedliche Gaben, je nach der uns verliehenen Gnade. (Röm 12,4–6)

In 1 Kor 12 wird das Bild vom Leib noch detaillierter entfaltet.

Fragen zum Weiterdenken

Erinnern Sie sich an Situationen, in denen Ihnen hautnah aufgegangen ist, wie schön es ist, wenn Menschen sich gegenseitig ergänzen. In welchen Situationen innerhalb des kirchlichen Lebens haben Sie diese gegenseitige Ergänzung erfahren?

Gibt es demgegenüber Bereiche, in denen Sie die Verschiedenheit von Meinungen, Denkweisen, Aufgaben eher als anstrengend oder hinderlich empfinden? Warum?

1.7 Ich bin berufen

Alois Odermatt

Habe ich, weil ich getauft bin, eine besondere Berufung? Wie wird sie mir bewusst? Wie kann ich sie erfahren? Wie weit deckt sich Berufungserfahrung mit Selbsterfahrung?

Wer bis vor kurzem in kirchlichen Kreisen von Berufung sprach, dachte an geistliche Berufe. Ein «Spätberufener» war ein Mann, der nach Matura oder Abitur nicht sofort ein akademisches Theologiestudium mit dem Ziel «Priesteramt» begonnen, sondern zuerst einen Beruf ausgeübt und nach diesem «Umweg» seine kirchliche «Berufung» gefunden hatte. Spätberufene Frauen waren schwieriger einzuordnen.

33

In dieser Sicht galten die gewöhnlichen Gläubigen, die «Laien», nicht als Berufene. Sie wurden von den Seelsorgenden «betreut» und «versorgt», damit sie am kirchlichen Leben teilnehmen und davon ihr Leben nähren lassen.

Wir verstehen unmittelbar, warum diese Sicht nicht mehr trug, ja, grundsätzlich falsch war. Bei einer solchen Seelsorge fühlten wir uns als empfangende Objekte behandelt, nicht als schöpferische Subjekte. Aber nun können wir aufbrechen, einen spirituellen Weg gehen, dabei die innere Berufung zur Freiheit entdecken, uns davon ergreifen lassen und die Berufung zum Mensch- und Christsein üben.

Ich werde gerufen

Auf diesem Weg lernen wir von Menschen, die uns in Weltanschauungen und religiösen Traditionen vorangegangen sind. Man sagt, ihre Mystik sei die Spiritualität der Zukunft. Wenn wir auf sie hören, zeigen sich wichtige Wegweiser:

– Wir streichen die Vorstellung eines Pharao-Gottes, der als «höhere Macht» über der Welt thront, alles Geschehen lenkt und uns wie Marionetten führt. Wir lassen uns vielmehr auf unser Innerstes ein und vernehmen inwendig den Ruf nach schöpferischer Freiheit.

– Die Bibel und andere heilige Schriften erzählen Geschichten von Menschen, die in diesem Ruf nach schöpferischer Freiheit eine rufende Gottheit erfahren haben. Auch heute gibt es Menschen, die den innersten Kern dieser mystischen Erfahrung in den Geschichten erahnen, in denen Jesus von Nazaret den «kommenden Gott» bis in die österliche Erleuchtung hinein erfährt und preist.

– Dabei hören wir auch auf moderne Dichter und Denker: «Du sollst der werden, der du bist» (Friedrich Nietzsche), «Nirgends, Geliebte, wird Mensch sein als innen» (Rainer Maria Rilke), «Der Mensch ist, wozu er sich macht» (Jean Paul Sartre), «Der Mensch ist mögliche Existenz» (Karl Jaspers).

So gilt auch für uns: Nicht *wir* suchen das Göttliche. Es kommt uns im Innersten unserer Freiheitserfahrung entgegen. Es wird durch uns in die Welt hinein geboren. Es ist die «ergreifende» Erfahrung, dass sich Selbsterkenntnis und Gotteserfahrung decken: nach den Worten des Konzils in «Freude und

Hoffnung, Trauer und Angst der Menschen von heute, besonders der Armen und Bedrängten aller Art»[3]; und «es gibt nichts wahrhaft Menschliches», das nicht von diesem Ruf nach Befreiung durchdrungen wäre.

Ich übe die Berufungserfahrung

In unserem Innersten den Ruf nach schöpferischer Freiheit erfahren, haben wir soeben gesagt, und in diesem Ruf eine rufende Gottheit erfahren. Können wir diese Erfahrung tatsächlich persönlich machen und dabei schrittweise die eigene Berufung entdecken? Sind wir dazu ermächtigt?

Ja, diese Ermächtigung ist uns eingeboren, weil wir ein «Stück Schöpfung» sind. Wir brauchen keinen Priester als Vermittler. Und die Taufe stellt diese Berufung nicht *her*, sie stellt sie in einer Zeichenhandlung *dar*. Wir können diese menschliche Erfahrung *üben*. Erfahrungs- und Übungswege gibt es in den Bereichen des Schönen, des Wahren und des Guten: des Schönen in der Kunst, des Wahren im staunenden Wissen, des Guten im solidarischen Handeln. Es ist «Mystik der offenen Augen»[4].

Meister und Mystiker aller Zeiten schlagen Pfade und Wege vor, sich ergreifen und wandeln zu lassen. Sie empfehlen Wege der Meditation und Kontemplation. In den 60er Jahren des letzten Jahrhunderts begann die Meditationsbewegung um sich zu greifen, meist geweckt durch die Begegnung mit asiatischen Erfahrungen (Hinduismus und Yoga, Buddhismus und Zen, Islam und Sufismus. In den 70er und 80er Jahren wiesen mehr und mehr Stimmen darauf hin, dass die christliche Mystik im Grund solche Erfahrungen seit biblischen Zeiten kenne.

Der Zugang erscheint überraschend einfach. Denn Mystiker aller Zeiten, gerade auch christliche, empfehlen die Achtsamkeit auf den natürlichen Atemrhythmus als ersten Schritt und als Kernübung, vom klösterlichen Psalmengesang und von der Gebetspraxis der Ostkirchen bis zu den Ignatianischen Exerzitien. Auch die Erklärung der Römischen Kongregation für die Glaubenslehre «Über einige Aspekte der christlichen Meditation» aus dem

---

3 *II. Vatikanisches Konzil:* Pastoralkonstitution «Über die Kirche in der Welt von heute» *Gaudium et spes*, Art. 1.
4 Vgl. *Metz, Johann Baptist:* Mystik der offenen Augen. Wenn Spiritualität aufbricht, Freiburg i. Br. 2011.

Jahre 1989, vom damaligen Präfekten Joseph Kardinal Ratzinger unterzeichnet, sieht die Bedeutung dieser Übung.

Ich bete die Berufungserfahrung

Diese Erfahrung kommt etwa im Gebet zum Ausdruck, das von Augustinus von Hippo (354–430) stammen soll und heute als menschliches und christliches Grundgebet gilt:

«Atme in mir, du Heiliger Geist, dass ich Heiliges denke.
Treibe mich, du Heiliger Geist, dass ich Heiliges tue.
Locke mich, du Heiliger Geist, dass ich Heiliges liebe.
Stärke mich, du Heiliger Geist, dass ich Heiliges hüte.
Hüte mich, du Heiliger Geist, dass ich das Heilige nimmer verliere.»

Der Dichter Gottfried Bachl, früher Professor für Dogmatische Theologie in Linz und Salzburg, besingt den Ruf, den wir in der Schöpfung wahrnehmen. In einem «neuen Psalm» staunt er über jeden Atemzug, der ihm gelingt:[5]

«warum ich gern auf der welt bin,
hat mich der engel gefragt.
weil mir das licht
menschengesichter zeigt. […]
Ich staune
über jeden atemzug, der mir gelingt.
ich bin, mein gott,
sehr zum bleiben aufgelegt.»

---

5 *Bachl, Gottfried:* feuer – wasser – luft – erde. neue psalmen, Innsbruck/Wien 2011, 19. Er hat weitere lyrische Werke veröffentlicht, etwa: Mailuft und Eisgang. 100 Gebete, Innsbruck/Wien 1998, sowie: Eucharistie. Macht und Lust des Verzehrens, St. Ottilien 2008.

Der verwaltete Gott

2 Gemeinsam sind wir Kirche

2.1 Wir bauen das Haus auf Felsen – kirchlicher und persönlicher Glaube

Eva-Maria Faber

«Returnees», so wurden in einer religionssoziologischen Studie jene Erwachsenen genannt, die in der Phase der Übernahme grösserer Verantwortung in Familie, Beruf und Gesellschaft stehen und die nach einer Phase religiösen Experimentierens eher geneigt sind, sich wieder christlichen Glaubensvorstellungen zuzuwenden. Zumal die Aufgabe religiöser Erziehung von Kindern weckt in ihnen vielleicht das unbehagliche Empfinden, dass es zu wenig wäre, nur jene religiösen Ideen weiterzugeben, die sich in einem wechselvollen Prozess religiösen Ausprobierens eher zufällig gerade jetzt eingestellt haben, morgen aber schon wieder anders sein können. Wäre es nicht doch besser, an einer breiter abgestützten religiösen Praxis teilzuhaben? Vermittelt es nicht doch grössere Gewissheit, sich in eine Tradition einzubinden, die sich über Generationen hinweg bewährt hat?

Über solche Erwägungen hinaus sind viele Menschen unserer Zeit grundsätzlich befremdet und beängstigt durch das, was sie als Beliebigkeit und Orientierungslosigkeit empfinden. Umso mehr schätzen sie z. B. am christlichen Glauben, dass er dem subjektiven Empfinden vorausliegt und über die Zeiten hinweg identisch bleibt. So werden heute kulturelle und religiöse Traditionen wieder stärker als notwendige Basis menschlichen Zusammenlebens anerkannt. Es kann nicht jede Generation Werthaltungen neu erfinden– manchmal sind Menschen froh, wenn sie sich an Vorgegebenem orientieren können. Zwar scheint es zunächst einfacher zu sein, die eigenen religiösen Formen ganz selbst zu entwickeln. Eine «Religion aus erster Hand» (nämlich meiner eigenen Hand), das klingt verheissungsvoll nach einer Religion, die ganz und gar zu mir passt. Doch wären damit sowohl das Menschsein als auch die Religion zu klein gedacht. Religion ist immer auch das Ausschauhalten nach etwas, das grösser ist als ich selbst, um daran wachsen zu können.

Diese Beobachtungen fordern Christen und Christinnen zu einer zweifachen Antwort heraus. Auf der einen Seite können wir uns neu auf den positiven Wert unserer eigenen christlichen Traditionen besinnen und stehen wir in der Verantwortung, sie in besonnener Weise zu pflegen. Dazu gehört das Vertrautsein mit der Heiligen Schrift ebenso wie ein Grundbestand an Glaubenswissen. Kenntnisse der spirituellen Tradition können in die Weite führen, wenn es im bisherigen Haus des eigenen Glaubens zu eng wird. Das Engagement von Christen vor uns kann ermutigen, nicht müde zu werden. Es tut gut, einen Glauben teilen zu dürfen, um den sich schon viele Generationen bemüht, um den sie gerungen haben, den sie in vielfältiger Weise gelebt und erprobt haben.

Auf der anderen Seite lässt sich der Glaube nicht rein «objektivistisch» fassen. Dies bedeutet nicht nur, dass die Glaubensinhalte in einer persönlichen Glaubensentscheidung ergriffen werden müssen. Vielmehr werden auch die Inhalte bei jedem Menschen in einer persönlich geprägten Glaubenswelt anders aufgenommen. Welche Stelle im Evangelium hat mich besonders berührt? Bin ich ein mehr «österlicher» oder ein mehr «pfingstlicher» Mensch? Welcher Aspekt der Sendung der Kirche liegt mir besonders am Herzen?

In einer schönen Legende zur Entstehung des Glaubensbekenntnisses wird beschrieben, wie jeder der Apostel zu dem entstehenden Bekenntnis je eine Zeile beiträgt. Liebevoll hat die Legende versucht, den einzelnen Apostelgestalten möglichst jeweils das in den Mund zu legen, was den Erzählungen der Evangelien zufolge besonders zu ihnen passt. Andreas, der im Johannesevangelium seinem Bruder sagt: «Wir haben den Messias gefunden» (Joh 1,41), wird der Satz: «Ich glaube an Jesus Christus» zugeschrieben; Thomas erhält wegen seiner besonderen Ostererfahrung das Auferstehungsbekenntnis. Als Ursprung der Bekenntnissätze wird somit die unterschiedlich geprägte persönliche Erfahrung der einzelnen Apostel festgehalten. Dies zeigt nun aber auch die Richtung an, wie die Glaubenden späterer Zeiten an dem im Bekenntnis formulierten gemeinsamen Glauben teilhaben. Auch hier wird wieder gelten: Jede und jeder macht andere Erfahrungen mit dem Glauben, wird andere Schwerpunkte haben, wird auch innerhalb des eigenen Lebens nicht immer alles gleich «verstehen», gleich gewichten, gleich persönlich füllen. Wer den Glauben nur objektivistisch fassen wollte, in der Meinung, es gehe einzig darum, den «richtigen» Glauben korrekt wiederzugeben, verpasst das Geschenk des ganz persönlichen Glaubenslebens. Der in Bekenntnissen niedergelegte Glaube der Kirche ist das, was Christen und Christinnen verbindet und den einzelnen als Ausgangspunkt für je neues Wachsen im Glauben gegeben ist. Doch dann braucht es das je persönliche Bekenntnis, den je eigenen Lebenspsalm, das Engagement in dem, was mir persönlich unter die Haut gegangen ist: «Lebe das Wenige, das du vom Evangelium begriffen hast» (Frère Roger Schutz).[6]

Texte zum Weiterdenken

«Man lernt sich auch von aussen nach innen. Die Gebete der Kirche sind immer besser als sie sind, weil die Toten sie vor uns gesprochen und sie gewaschen haben mit ihren Tränen und Hoffnungen. [...] Man braucht nicht an der eigenen Dürftigkeit zu verhungern, das heisst communio sanctorum [Gemeinschaft der Heiligen], und das heisst, eine Tradition zu haben».[7]

Fragen zum Weiterdenken

Wann ist Ihnen schon einmal der Anspruch und das Schöne der Glaubens-Vorgabe aufgegangen – wann die Herausforderung, noch persönlicher zu glauben? Wie verbinden Sie beides miteinander?

2.2 Was wir wollen: keine *Herr*schaft noch *Frau*schaft, sondern *Dienst*schaft

Walter Kirchschläger

Angefangen hat es im Alten Israel. Israel war anders. Alle Völker ringsum hatten einen König; aber Israel durfte und wollte keinen König haben, denn Gott war sein König. Gott als König – das unterscheidet, und es verpflichtet. Aber es ist nicht immer erfreulich, weil dieser König nicht zu sehen ist.

---

6 *Frère Roger [Schutz, Roger]:* Die Quellen von Taizé. Gott will, dass wir glücklich sind, Freiburg i. Br. 2004, 51.
7 *Steffensky, Fulbert:* Der alltägliche Charme des Glaubens. Würzburg 2002, 21 f.

So kommt die Zeit, dass Israel gegen die Führer an Gottes statt murrt, und Gott bestimmt für sie einen König. Samuel muss Saul zum ersten König salben, dann folgen bekannte Persönlichkeiten: David, Salomon usw. Die politischen Katastrophen bleiben aber nicht aus: Das Nordreich und das Südreich fallen in Fremdherrschaft – wer ist nun König über Israel?

Grosse Propheten treten in dieser Zeit auf. Jesaja und Jeremia ermutigen das Volk: Gott bleibt euer König, und einmal wird er in Israel wieder eine königliche Herrscherpersönlichkeit für alle Zeiten einsetzen … Kein Wunder also, dass die Rede von Gottes Königsherrschaft einen guten Klang und einen Beigeschmack von Hoffnung erhält. Niemand stösst sich an «König-» und ebenso wenig an »-herrschaft» – warum auch: Die Erfahrung Israels mit seinem Gott ist im Kern eine Befreiungsgeschichte – immerhin hat Gott die Mose-Sippe aus der Knechtschaft Ägyptens geführt. Warum sollte Gottes Leitung seines Volkes anders bezeichnet werden als damals üblich?

Und dann kommt Jesus von Nazaret, hineingeboren in das Judentum seiner Zeit. «Königsherrschaft Gottes» wird zur Leitidee seiner Verkündigung. Da Jesus dies konkret umsetzen möchte, macht er auch deutlich, dass damit nicht einfach eine Fortschreibung der bisherigen Weltordnung gemeint ist. Diese Weltordnung wird einfach auf den Kopf gestellt. Es scheint wie eine beabsichtigte Ironie, dass zwar die alten Begriffe bleiben, aber deren Inhalt sich gewandelt hat, ja, völlig umgekehrt wurde.

Denn bei der Königsherrschaft Gottes geht es nicht darum, den König herauszukehren: Die Leitperson der Jesusbewegung wäscht den Jüngerinnen und Jüngern die Füsse – ein Dienst der Haussklaven. Der dazu überlieferte Kommentar sagt alles: «Wenn nun ich, der Herr und Meister, euch die Füsse gewaschen habe, dann müsst auch ihr einander die Füsse waschen» (Joh 13,14). Noch grundsätzlicher formuliert: «Wer der Erste sein will, soll der Letzte von allen und der Diener aller sein» (Mk 9,35).

Das entspricht nicht der Machtarithmetik dieser Welt. So wird also aus der Königsherrschaft eine «Dienstschaft» des Königs Jesus, zugleich eine unverzichtbare Handlungsgrundlage für alle, die sich auf ihn berufen möchten.

Bei der Königsherrschaft Gottes geht es auch nicht darum, den Herrn, den Mann herauszukehren. Jesus hat zur Genüge erkennen lassen, dass die Integration von Frauen in seine Nachfolgegemeinschaft für ihn ein notwendiges prophetisches Zeichen gewesen ist.

Vielleicht zeigt also das Jesusverhalten gerade, was er diesbezüglich erwartet: eine Umkehr der Begriffsbedeutung, gleichsam um diese in ihrem bisherigen Missbrauch auf den Kopf zu stellen und auf diese Weise unwirksam zu machen.

Der neue Leitbegriff der Jesusgesellschaft heisst *Dienst*. Wie sehr dies auch heute greift, ist deutlich erkennbar. Auch die Ausübung von Autorität wäre aus dieser Sichtweise heraus neu zu gestalten. Dienst als Leitungsprinzip ist eine Herausforderung für die Kirche auf allen Ebenen, auch am Ort. Allerdings verlangt uns das viel ab. Denn vermutlich müssen wir damit bei uns selbst anfangen. Wie eine Kirche am Ort aussieht, die nach diesem jesuanischen Dienstprinzip gestaltet ist – das wäre ein interessantes Experiment.

 Texte zum Weiterdenken

Samuel missfiel es, dass sie sagten: Gib uns einen König, der uns regieren soll. Samuel betete deshalb zum Herrn, und der Herr sagte zu Samuel: Hör auf die Stimme des Volkes in allem, was sie dir sagen. Denn nicht dich haben sie verworfen, sondern mich haben sie verworfen. Ich soll nicht mehr ihr König sein. Das entspricht ganz ihren Taten, die sie (immer wieder) getan haben, seitdem ich sie aus Ägypten herausgeführt habe, bis zum heutigen Tag; sie haben mich verlassen und anderen Göttern gedient. So machen sie es nun auch mit dir. (1 Sam 8,6–8)

Ihr wisst, dass jene, die über die Völker zu herrschen scheinen, diese ihr Herr-Sein spüren lassen, und deren Grosse über sie Vollmacht ausüben. Nicht ist es so unter euch [...] (Mk 10,42–43)

 Fragen zum Weiterdenken

Welche zeichenhafte Handlung könnte heute in einer Kirche am Ort die Grundhaltung des Dienstes so ausdrücken wie seinerzeit die Fusswaschung?

Wie können wir in unserer konkreten Pfarrei die Grundhaltung des Dienstes einüben?

Welche Empfindung kommt auf, wenn mir jemand in dieser Haltung begegnet?

Wie sieht Geschwisterlichkeit in der Kirche am Ort aus, die kein Oben und Unten und keinen Unterschied der Geschlechter kennt?

2.3 Willst du überzeugen?

Helga Kohler-Spiegel

In Kommunikations- und Verkaufstrainings wird geübt, wie wir überzeugen können. Eine klare Botschaft ist nötig, sie soll kompakt und gut verständlich sein, die Gefühle sollen mit angesprochen sein, Stimme, Mimik und Gestik müssen übereinstimmen, und anderes mehr.

Auch in der Kirche beschäftigt diese Frage die Menschen von Beginn an: «Mission» meint wörtlich übersetzt «gesandt, geschickt sein». Alle vier Evangelien erinnern am Ende des Weges Jesu an den Auftrag, in die Welt hinauszugehen und die Botschaft weiterzutragen. «Geht zu allen Völkern» (Mt 28,19). Am Ende des Neuen Testaments, im Buch der Offenbarung sind die Gemeinden angesprochen. In Offb 2,29 heisst es: «Wer Ohren hat, der höre, was der Geist den Gemeinden sagt.» Das Hören steht im Vordergrund – das Hören auf den Geist. Es ist nicht ganz einfach, «auf den Geist zu hören», es braucht viel Gespräch und Diskussion, um zu verstehen, wo «der Geist» spricht und wo nicht. Die Gemeinden als Versammlung aller Christinnen und Christen werden vom Geist angesprochen. Gemeinsam tragen die Gemeinden die Frohe Botschaft, miteinander hören Christinnen und Christen die Botschaft.

Viel später dann sind wieder alle Christinnen und Christen im Blick der Aussagen, sowohl in den Texten des II. Vatikanischen Konzils (z. B. *Lumen Gentium* IV,33) als auch im Kirchenrecht (z. B. CIC/1983 cann. 211 und 216). Vor allem das Recht und die Pflicht, den Glauben weiterzutragen, gelten für alle Gläubigen. Taufe und Firmung autorisieren zu dieser Weitergabe des Glaubens. Das klingt so selbstverständlich, ist es aber nicht: Alle Christinnen und Christen sind durch Taufe und Firmung *beauftragt* und *ermächtigt*, die Botschaft Jesu verbindlich weiterzutragen.

Manchmal sagen Menschen: Ich weiss doch viel zu wenig, ich kann doch nicht über den Glauben reden, vielleicht kenne ich einen Glaubensinhalt nicht gut genug, vielleicht kann ich ein paar theologische Begriffe nicht genau einordnen, vielleicht verstehe ich eine Bibelstelle nicht in allen Aspekten. Solche Unsicherheiten werden immer wieder genannt. Durch die ganze Bibel hindurch ist zu sehen, dass Menschen erschrecken, wenn sie den Auftrag wahrnehmen, von Gott zu sprechen und andere zu überzeugen. Mose (Ex 3–4) war mit dem Auftrag konfrontiert, mit seinen Leuten einen Weg in die Frei-

«Ich kann das nicht!»

heit zu gehen, und er reagiert sofort mit dem Hinweis: Das ist mir viel zu schwer, ich kann nicht reden, ich bin unwichtig, ich kann das nicht ... Gut verständlich, könnte man denken. In den Pfarreien geschieht das bis heute auch so: Ich kann das nicht, was werden die anderen denken, auf mich haben sie gerade noch gewartet; da gibt es begabtere Personen als mich, die mehr wissen, die besser reden können ...

Umso spannender, dass sowohl in der Bibel als auch in kirchenamtlichen Dokumenten immer wieder betont wird: Jede Christin, jeder Christ ist eingeladen und ermutigt, Zeugnis zu geben, allein und mit anderen zusammen. Fulbert Steffensky fasste dies so in Worte: «Lehren heisst zeigen, dass man etwas liebt; zumindest heisst es zeigen, dass man etwas schön und menschenwürdig findet. Lehrer sein heisst also, sich vor jungen Menschen kenntlich machen.»[8] Dies gilt nicht nur für das Lehren, und nicht nur vor jungen Menschen. Zeuge, Zeugin sein heisst, einzustehen für das, was der einzelnen Person wertvoll, was ihr wichtig ist. Wenn Christinnen und Christen eingeladen sind, Zeuginnen und Zeugen zu sein für das, was ihnen wertvoll ist, dann heisst es, sich immer wieder darüber zu verständigen, was diese Überzeugung ist, für die Christen auf der ganzen Welt einstehen.

---

8   *Steffensky, Fulbert:* Die Gewissheit im Eigenen und die Wahrnehmung des Fremden, in: Religionsunterricht 27 (1997) H. 1, 3–5, 3.

Damit braucht es – immer wieder – die Rechenschaft darüber, was im Mittelpunkt des Glaubens steht, was von allen Christinnen und Christen weitergegeben werden soll. Manchmal ist es in Pfarreien ungewohnt, nicht nur zu planen und zu organisieren, welche Angebote und Veranstaltungen stattfinden sollen, sondern auch darüber zu reden, was der Mittelpunkt des eigenen Glaubens ist. Manchmal ist es ungewohnt zu sagen, was wir persönlich glauben und wie wir uns als Pfarrei kenntlich machen wollen, ob wir erkennbar sind in unserem Engagement, in dem Geist, der in der Pfarrei herrscht. Im Jüdischen gibt es die Vorstellung, dass wir den Kern des Glaubens auf einem Bein stehend sagen können sollen – es kann ganz unterhaltsam sein, dies einmal auszuprobieren …

Wir können in den Gruppen, in denen wir kirchlich engagiert sind, darüber reden, wir können unsere Gedanken anonymer auf einer offen zugängli-

chen Plakatwand hinschreiben ... – es gibt viele Orte und Momente, an denen es möglich ist, diesen Fragen ein wenig Platz zu geben:

– Was glaube ich selbst?

– Was ist für mich der Mittelpunkt der Botschaft Jesu, den ich – auf einem Bein stehend – sagen kann, für den ich einstehe und mich kenntlich mache?

Schön, wenn es in einer Pfarrei gelingt, ganz viele solcher Gedanken zu sammeln und sichtbar zu machen, wie vielfältig ausgedrückt werden kann, was Christinnen und Christen miteinander verbindet.

Es könnte auch sein, dass es eine Klagemauer braucht, einen Ort, an dem ich ausdrücken kann, was mich hindert, was mich verletzt, was mich mutlos macht im eigenen Glauben, was es schwer macht, überzeugend zu sein. Denn «sich kenntlich machen» heisst, so sagt Fulbert Steffensky an der oben zitierten Stelle, «zeigen, dass man etwas liebt; zumindest heisst es zeigen, dass man etwas schön und menschenwürdig findet». Und deshalb ist es gut, auch darüber nachzudenken und zu reden, was Mühe macht im Glauben. Es ist gut, mit anderen auszutauschen, wenn Glaubensüberzeugungen und kirchliche Entwicklungen enttäuschen und entmutigen. Diese Aspekte zu bedenken, auszusprechen, auch zu betrauern, kann helfen, auch positiv zu fassen, was uns am eigenen Glauben lieb ist, was wir wertvoll finden. Und dann kann die einzelne Person auch die eigene, persönliche Antwort geben. Überzeugend sind wir mit unseren eigenen – vorläufigen – Antworten, mit den persönlichen Worten für den eigenen Glauben.

Texte zum Weiterlesen

Die Texte laden dazu ein zu überlegen, welche Konsequenzen es für uns selbst hat, wenn wir das Recht und die Pflicht zur Verkündigung ernst nehmen.

Biblische Texte
Den Auftrag, in die Welt hinauszugehen und die Botschaft weiterzutragen, überliefern alle vier Evangelien. Sie können einen der Texte lesen und überlegen, was dies für uns heute bedeuten kann: Mt 28,16–20; Lk 24,44–49; Mk 16,15–20; Joh 20,19–23.

Texte zum Weiterlesen

Texte aus dem Kirchenrecht CIC/1983

Can. 211 – Alle Gläubigen haben die Pflicht und das Recht, dazu beizutragen, dass die göttliche Heilsbotschaft immer mehr zu allen Menschen aller Zeiten auf der ganzen Welt gelangt.

Can. 216 – Da alle Gläubigen an der Sendung der Kirche teilhaben, haben sie das Recht, auch durch eigene Unternehmungen je nach ihrem Stand und ihrer Stellung eine apostolische Tätigkeit in Gang zu setzen oder zu unterhalten; keine Unternehmung darf sich jedoch ohne Zustimmung der zuständigen kirchlichen Autorität katholisch nennen.

Fragen zum Weiterdenken

Was brauchen wir, damit wir überzeugen können? Was ist für mich wichtig, damit ich überzeugen kann?

Wie gehen wir mit dem um, was uns kirchlich behindert, was wir ablehnen, was es uns schwer macht, andere zu überzeugen?

2.4 Wir brennen in der Ellipse – Taufe und Eucharistie

Walter Kirchschläger

Auch diejenigen, die aus ihrem Geometrie-Unterricht nicht viel behalten haben, erinnern sich vielleicht, dass eine Ellipse im Unterschied zum Kreis nicht einen, sondern zwei Brennpunkte hat. Was das geometrisch genau bedeutet, dürfen wir hier gerne beiseitelassen. Die Bezeichnung «Brennpunkt» lässt uns jedenfalls erkennen, dass diese Punkte eine wichtige Bedeutung für die Konstruktion einer Ellipse haben und dass sich dort etwas verdichtet. Wir können vielleicht noch festhalten, dass die beiden Punkte gleichwertig sind. Sie haben eine einander entsprechende Bedeutung; einer der Punkte kann aber nicht die Stellung des anderen übernehmen.

49

Die Ellipse mit ihren zwei Brennpunkten ist ein schönes Bild für die Kirche am Ort. Die beiden Brennpunkte stehen dabei für zwei grundlegende Sakramente unseres kirchlichen Lebens: für die Taufe und für die Eucharistie. Beide Feiern sind für die Wirklichkeit Kirche unerlässlich. Beide Feiern bedingen einander gegenseitig, beide Feiern strahlen in das Leben der Kirche am Ort aus, sind der Kernpunkt von Dynamik, Gottbezogenheit und in diesem Sinne: von Leben.

Viele haben – vermutlich im Familien- und Freundeskreis – schon eine Taufe (ausser ihrer eigenen) mitgefeiert. Da geht es in der Regel recht feierlich zu. Ähnlich ist das bei der Erstkommunion. In irgendeiner Weise wird erkennbar, dass es sich dabei um etwas Wichtiges für die betroffenen Personen handelt. Manchmal können wir auch spüren: Diese Bedeutung gilt nicht nur für die einzelne betroffene Person und ihre Familie, sie gilt auch für die ganze Gemeinde, die gesamte Kirche am Ort. Wie die zwei Brennpunkte der Ellipse für die Konstruktion der geometrischen Figur wesentlich sind, so sind diese beiden Sakramente wesentlich für die «Konstruktion» der Kirche, für ihr lebendiges «Brennen».

Um das zu ergründen, müssen wir eine kleine Wanderung durch die Bibel machen, genauer gesagt durch einen der paulinischen Briefe. Vorweg können wir bei einer Überlieferung anknüpfen, die allgemein bekannt ist. Nach der Erzählung der Evangelien hat Jesus am Abend vor seinem Tod mit seinen Jüngerinnen und Jüngern ein Mahl gefeiert. Dabei hat er Brot genommen, er «dankte, brach es und gab es seinen Jüngerinnen und Jüngern mit den Worten: Nehmt und esst, das ist mein Leib» – so hören wir auch heute noch im Hochgebet jeder Eucharistiefeier. Auch Paulus kennt diese Überlieferung, und er zitiert sie auch in seinem ersten Schreiben an die Kirche von Korinth (1 Kor 11,24). Immerhin sprechen wir da ja von der Ur-Feier aller folgenden Eucharistiefeiern. Schon etwas früher war Paulus in diesem Schreiben auf die Herrenmahlfeier (wie sie damals genannt wurde) zu sprechen gekommen. Dabei möchte er den Menschen in Korinth etwas zu ihrem Selbstverständnis als Kirche sagen. Vermutlich hat ihn diese alte Überlieferung von Jesus dazu angestiftet, mit dem Stichwort «Leib» zu spielen und es als Bild so zu verwenden, wie es zu jener Zeit in der griechischen, der römischen und der jüdischen Kultur auch geläufig war: als Bild für ein gemeinschaftliches Sozialwesen.

So kann Paulus also die Aussage vom «Leib Christi» im Zusammenhang mit der Eucharistiefeier einmal auf die Selbstdeutung Jesu beziehen, an der alle Mitfeiernden Anteil haben – was er zunächst tut: «Das Brot, das wir brechen – ist es nicht Anteil am Leib Christi?» (1 Kor 10,16b) – was heissen will:

an Jesus Christus selbst. Und ebenso kann Paulus mit einem Wortspiel fortfahren, das die Menschen seiner Zeit sofort verstanden haben: «Ein Brot, ein Leib sind *wir*, die vielen, weil wir alle Anteil haben an dem einen Brot» (1 Kor 10,17) – was heissen will: Wir sind ja selbst Leib, und zwar als solche, die von dem einen (eucharistischen) Brot essen. Weil wir das Brot als Leib Christi essen, bilden wir selbst einen Leib, eben den Leib Christi in diesem bildhaften Verständnis.

Wir könnten unseren kleinen Theologiekurs schon fast abschliessen, hätte Paulus das Thema nicht wiederum aufgegriffen und mit seiner Sichtweise der Taufe verbunden. Denn nochmals ein Kapitel später ist Paulus wieder beim Leben der Kirche von Korinth, und er erinnert sie noch einmal eindringlich: «Ihr seid der Leib Christi» (1 Kor 12,27). Davor steht noch eine umfangreiche Ermahnung, dass die Verschiedenheit der Teile des Leibes nicht als Wertung verstanden werden darf und dass dieser Leib auf ganz konkrete Weise zustandekommt: «Durch den einen Geist wurden wir in der Taufe alle in einen einzigen Leib aufgenommen» (1 Kor 12,13).

Jetzt endlich ist alles gesagt. Die Taufe macht uns nicht nur zu Töchtern und Söhnen Gottes (das hatten wir schon, siehe Abschnitte 1.1 und 1.2). Durch die Taufe werden wir in die Kirche eingegliedert, gemeinsam bilden wir diese Jesus Christus zugeordnete Gemeinschaft, eben seinen «Leib». In der

In die Kirche eingegliedert

Feier der Eucharistie wird das, was wir aufgrund der Taufe sind, in zweifacher Weise konkret: Das Brot wird uns als Leib Christi gereicht, und darin aktualisieren und bekräftigen wir alle, die wir feiern, jene Wirklichkeit der Taufe, also: gemeinsam Leib Christi zu sein.

Zugegeben: Das ist komplex, aber niemand hat behauptet, Kirche sei einfach. Deshalb ja auch das Bild von der Ellipse. Taufe und Eucharistie bilden die beiden Brennpunkte, aus denen Kirche lebt. Sie sind unverzichtbar, weil darin in besonderer Weise Christusbegegnung und gemeinschaftstiftende Begegnung untereinander geschieht.

Es mag sein, dass wir das im Kirchenalltag nicht so wahrnehmen – umso wichtiger ist es, uns darauf zu besinnen. Denn von diesem doppelten, sakramentalen Zentrum geht innerlich gesehen alles Weitere unseres Kirchenlebens aus: unsere Solidarität, unser Engagement gegenüber den Mitmenschen, letztlich auch die Feier der anderen Sakramente, die von diesen Brennpunkten abhängen. Ob das vielleicht eine Überlegung wert ist? –

 Texte zum Weiterlesen

> Denn ich habe vom Herrn empfangen, was ich euch dann überliefert habe: Jesus, der Herr, nahm in der Nacht, in der er ausgeliefert wurde, Brot, sprach das Dankgebet, brach das Brot und sagte: Das ist mein Leib für euch. Tut dies zu meinem Gedächtnis! Ebenso nahm er nach dem Mahl den Kelch und sprach: Dieser Kelch ist der Neue Bund in meinem Blut. Tut dies, sooft ihr daraus trinkt, zu meinem Gedächtnis! (1 Kor 11,23–25)

> Ist das Brot, das wir brechen, nicht Teilhabe am Leib Christi? Ein Brot ist es. Darum sind wir viele ein Leib; denn wir alle haben teil an dem einen Brot. (1 Kor 10,16–17)

> Denn wie der Leib eine Einheit ist, doch viele Glieder hat, alle Glieder des Leibes aber, obgleich es viele sind, einen einzigen Leib bilden: so ist es auch mit Christus. Durch den einen Geist wurden wir in der Taufe alle in einen einzigen Leib aufgenommen, Juden und Griechen, Sklaven und Freie; und alle wurden wir mit dem einen Geist getränkt. Auch der Leib besteht nicht nur aus einem Glied, sondern aus vielen Gliedern. [...] So

Texte zum Weiterlesen

aber gibt es viele Glieder und doch nur einen Leib. Das Auge kann nicht zur Hand sagen: Ich bin nicht auf dich angewiesen. Der Kopf kann nicht zu den Füssen sagen: Ich brauche euch nicht. Im Gegenteil, gerade die schwächer scheinenden Glieder des Leibes sind unentbehrlich. [...] Ihr aber seid der Leib Christi, und jeder einzelne ist ein Glied an ihm. (1 Kor 12,12–14.20–21.27)

Fragen zum Weiterdenken

Wird dieser Zusammenhalt von Taufe und Eucharistie in Ihrer Kirche am Ort deutlich, und wenn ja, wie? Wie könnte er sonst sichtbar gemacht werden?

Wie könnten wir unser Taufbewusstsein in diese Richtung vertiefen?

Was bedeutet die Eucharistiefeier für Sie?

3 Wir alle sind keine Engel

Rolf Bezjak

3.1 Konflikte und Liebe: eine Auslegeordnung

«Was lange gärt, wird endlich Wut»

Ein Graffiti, an die Mauer einer Betonwand geschrieben, drückt aus, was offensichtlich ist: Unter den Teppich gekehrte Konflikte gären weiter, bis sie umso gewaltiger aufbrechen. Und gefährdet sind wir in unseren kirchlichen Gemeinden in dieser Beziehung hochgradig. Wir sollen uns lieben, doch nicht streiten … Falsch!

Wenn ich ehrlich bin, bemerke ich: Manchmal bin ich schon mit mir selbst nicht zufrieden. Ich ärgere mich über mich, weil ich etwas Falsches gesagt oder

getan und dies zu spät realisiert habe. Hinterher ist man immer schlauer! Um wie viel grösser ist die Wahrscheinlichkeit, dass an einem Ort, wo viele Menschen miteinander zu tun haben – wie in einer Pfarrei –, Dinge und Aussagen geschehen, die sich als unglücklich, unangebracht oder falsch herausstellen! Organisationen – auch Kirchen –, in denen es keine Konflikte gibt, gibt es nicht! «Wo alle das Gleiche denken, denkt keiner gründlich», lautete treffend vor Jahren ein Spruch auf der Fastenopfer-Agenda.

Nicht zuletzt zeigt ein Blick in Bibel und Kirchengeschichte, dass Auseinandersetzungen, Streitereien und Konflikte schon immer zum Leben jeder Glaubensgemeinschaft gehören. Die Lösung, die Paulus und «die Säulen» einst in Jerusalem für ihre Missionstätigkeit fanden (Apg 15 und Gal 2), gehört als «Win-Win-Lösung» zu den beachtenswerten Ergebnissen von Konflikthandhabung in der Kirche. Es lohnt sich, diese beiden Bibelstellen nachzulesen!

Konflikt-Diagnose

Je früher Konflikte erkannt sind, umso aussichtsreicher können sie angegangen werden. Zunächst gilt es, Art und Gegenstand des Konflikts zu diagnostizieren. Um was streiten die Parteien wirklich? Ist der offensichtliche Grund der tatsächliche, oder steht dahinter ein anderes Anliegen?

Ohne auf die verschiedenen Definitionen des Konfliktbegriffs in der Fachliteratur[9] einzugehen (der nicht einheitlich und je nach wissenschaftlicher Perspektive anders geprägt ist), sei an dieser Stelle aus der Erfahrung mit Konflikten insbesondere in Pfarreien und Kirchgemeinden eine «Kategorisierung» genannt, die hilft, sich Orientierung zu verschaffen.

– Ein echter Konflikt hat als Hintergrund

  – fachlich und theologisch nachvollziehbare unterschiedliche Auffassungen (ökumenische Mahlgemeinschaft ja oder nein, Wort-Gottes-Feier mit oder ohne Kommunion, etc.),
  – ideologisch unvereinbare Haltungen (Stichwort: konservativ–progressiv, Kirche von unten–von oben, etc.),
  – persönliche Verletzungen (manchmal bewusst, meistens unbewusst zugefügt).

---

9 *Glasl, Friedrich:* Konfliktmanagement, Bern [5]1995, 47 ff. (empfehlenswert für Führungskräfte), populärer: *Glasl, Friedrich:* Selbsthilfe in Konflikten, Bern 1998, 49 ff.

– Ein falscher Konflikt (auch: Scheinkonflikt) hat als Hintergrund ein Missverständnis (hervorgerufen durch unklare Anweisungen oder fälschliches Verstehen). Dem Kommunikationswissenschaftler Paul Watzlawick wird die Aussage zugeschrieben: «Es ist der grösste Irrtum der Menschen, zu glauben, sie würden sich verstehen!» Meine eigene Erfahrung bestätigt, dass gerade in Pfarreien sehr viel Unmut entsteht, weil Aussage und Empfang nicht identisch sind: Man «glaubt», man habe sich schon richtig verstanden, und schafft nach bestem Wissen und Gewissen vor sich hin ...

Man kann Konflikte auch nach der Art ihres Verlaufs unterscheiden:

– Die Konfliktparteien in einem heissen Konflikt «zeichnen sich durch eine heftige Begeisterungsstimmung aus. Sie sind von Idealen beseelt und meinen, dass ihre eigene Sache um vieles besser sei als die der Gegenseite.»[10] Diese Beschreibung reicht aus, sich den Konfliktverlauf vorzustellen. Mit «offenem» Visier gehen beide Seiten aufeinander los, erwarten gegenseitig jeweils neue Aktionen und erhoffen sich Terraingewinn für ihre Anschauung.

– Im Unterschied dazu gestaltet sich bei einem kalten Konflikt die Auseinandersetzung gänzlich unspektakulär, denn die Parteien sind frustriert und enttäuscht. Die Begeisterung für ein positives Ziel ist ihnen abhandengekommen. Sie ziehen sich resigniert zurück und schüren dennoch ein schlechtes Klima. In unseren Pfarreien finden wir nahezu an jedem Ort Menschen, die auf diese Weise «mitleben» und Unruhe schaffen. Manche sind greifbar, viele nicht.

Sind Art und Gegenstand des Konflikts erkannt, hilft das von Glasl entwickelte «Phasenmodell der Eskalation»[11] weiter. In neun einleuchtenden Stufen beschreibt er, wie Konflikte sich entwickeln können. Eine Zeitlang kann sich aus einem Konflikt eine «Win-Win-Chance» ergeben, später mag es einen Sieger (und notabene: einen Verlierer) geben. Bei Erreichen der Stufe 7 nach Glasl gibt es nur noch Verlierer. Aber schon ab Stufe 4 benötigen die Parteien externe Hilfe, um aus dem Konflikt herausfinden zu können. Wenn die direkt am Konflikt beteiligten Personen nach Verbündeten suchen, wenn es nicht mehr

---

10 *Glasl, Friedrich:* Konfliktmanagement, Bern [5]1995, 70.
11 *Glasl, Friedrich:* Konfliktmanagement, Bern [5]1995, 215 ff.; auch: *Glasl, Friedrich:* Selbsthilfe in Konflikten, Bern 1998, 92 ff.

um die Sache geht, sondern nur noch darum, den Konflikt um jeden Preis zu gewinnen, dann wird es höchste Zeit, eine Konfliktberatung aufzusuchen.

In nicht wenigen kirchlichen Konflikten sind die scheinbaren Gewinner bei Streitigkeiten gleichzeitig auch die Verlierer, da der Konflikt so viel an Glaubwürdigkeit gekostet hat, dass viele Menschen «dem ganzen Laden» nicht mehr trauen.

Zusammenfassung

1 Konflikte gehören zum Leben – auch zum Leben einer Pfarrei.
2 Keine Scheu, Konflikte anzugehen, auch wenn es unangenehm ist!
3 Gespräch suchen – keinesfalls Standpunkte schriftlich austragen!
(Achtung Gefahr: Email! Neben der argumentativen Überlegenheit, die man beweisen möchte, verleitet dieses Medium dazu, auch noch die eigene Schlagfertigkeit unter Beweis stellen zu wollen. Für Schwarz auf Weiss festgehaltene Äusserungen sehr gefährlich.)
4 Unmut und Gegenstand des Konflikts transparent auf den Tisch legen!
5 Frühzeitig von unbeteiligter und fachlich kompetenter Seite Hilfe holen!

Zu guter Letzt: Wir alle müssen im persönlichen Leben wie auch in der Pfarrei gelegentlich mit ungelösten Konflikten leben.

 Texte zum Weiterdenken

Biblische Texte
Lk 22,24; Joh 3,25; Apg 15,7; 1 Kor 1,11; 1 Kor 3,3; 2 Kor 12,20

Hilfreiche Broschüre
Konflikte – Mobbing – Sexuelle Übergriffe. Ein Leitfaden für Kirchgemeinden, Pfarreien und kirchliche Organisationen, 42012 (Herausgeberin und Bestelladresse: Synodalrat der Römisch Katholischen Körperschaft des Kantons Zürich, Hirschengraben 66, 8001 Zürich, Telefon 044 266 12 12, Email: synodalrat@zh.kath.ch. Die Broschüre kann auch kostenlos heruntergeladen werden unter www.zh.kath.ch/service/publikationen → Personalwesen → Konfliktbewältigung in den Kirchgemeinden und den Pfarreien).

Fragen zum Weiterdenken

Wo in Ihrer Pfarrei nehmen Sie Konflikte wahr?

Wie ordnen Sie sie ein?

Wie könnte man vorgehen, um sie anzugehen?

3.2 «Ins Angesicht» – über meinen aufrechten Gang in der Kirche

«Wer nicht aufrecht geht, sieht die Welt aus der Perspektive eines Schafes»

Wie viel einfacher ist es doch, den Mund zu halten und vor sich hinzuleben! In der Pfarrei wie im «richtigen Leben». Der aufrechte Gang verlangt Einsatz und Mut. Widerstand leisten, zum offenen Ungehorsam aufrufen: 50 Jahre nach der Einberufung des II. Vatikanischen Konzils (1962–1965) greifen Katholikinnen und Katholiken mehr als zuvor zu diesen Methoden. Im ganzen deutschsprachigen Raum lassen sich dafür Beispiele finden.

Während einer langen Phase nach dem Konzil *schien* es möglich zu sein, mit der Kirchenleitung in Dialog zu kommen, um gemeinsam neue Wege zu finden. Es war aber tatsächlich nur Schein, der viele Gutmeinende geblendet hat. Zugegeben: Vereinzelt zeigten Bischöfe wirkliches Interesse am Aufbruch, in den meisten Bistümern allerdings verstehen die Oberhirten unter Dialog zwar das Gespräch mit Andersdenkenden, machen dann aber doch, was sie und Rom für richtig halten. Dies betrifft in den wenigsten Fällen wirkliche Glaubensfragen, viel öfter Fragen der Struktur, Disziplin und Rechtsordnung der Kirche, die im Kirchenrecht geregelt und somit veränderbar sind. Mit wenig Gott- und Geistvertrauen und umso grösserer Angst vor Unordnung und möglichem Machtverlust werden seelsorgliche Bedürfnisse gegenüber Paragraphen hintangestellt.

Viele Menschen in der katholischen Kirche haben aufgegeben. Resigniert wenden sie sich ab, treten aus. Sie fühlen sich nicht angesprochen von ihren Oberhirten, nicht vom Papst, oft nicht von ihrem Bischof oder seinen Mitarbeitenden, und schon gar nicht von den römischen Intrigen um Bankenbetrug und «Vatileaks». Andere – Gott sei Dank! – üben den aufrechten Gang.

59

Die in Österreich ins Leben gerufene Pfarrerinitiative «Aufruf zum Ungehorsam»[12], die im goldenen Jubiläumsjahr des Konzils mit hoher Publizität Furore macht, ist nur ein Beispiel. Das klare Bekenntnis ihrer Mitglieder, Menschen in der Kirche eine Seelsorge zukommen zu lassen, die zuerst heil machen und nicht dem Recht Vorschub leisten will, entspricht dem Auftritt des Apostels Paulus, als er sich Petrus in Antiochia «offen» entgegenstellte.[13]

Der aufrechte Gang vieler Priester, Seelsorgerinnen und Seelsorger im Bistum Chur war auch nicht zu übersehen, als sie auf den Fastenhirtenbrief ihres Bischofs zur Pastoral bei wiederverheirateten Geschiedenen[14] öffentlich mit Verweigerung reagierten und kundtaten, dieses Schreiben nicht zu verlesen. Just zur Zeit der Drucklegung dieses Buches bekennen sich hunderte von Seelsorgerinnen und Seelsorgern in der «Pfarrei-Initiative Schweiz» (www.pfarrei-initiative.ch) zu ungehorsamem Verhalten gegenüber kirchlichen Vorgaben. Und wenn gar Kirchgängerinnen und -gänger im Bistum Augsburg nach dem Sonntagsgottesdienst im wörtlichen Sinn ihre Kirche umarmen, nämlich von Hand zu Hand eine Kette um ihr Gotteshaus bilden, um damit gegen die Einverleibung ihrer Pfarrei in einen grossen Seelsorgeraum zu protestieren,[15] dann geht auch dies nur mit geradem Rücken.

Dies sind einige wenige (ermutigende) Beispiele, die über die Grenzen der Pfarreien hinaus bekannt geworden sind und von denen es fünfzig Jahre nach dem Konzil so viele gibt. Menschen, die an der Kirche und ihrer Zukunft interessiert sind, die sich nicht der Resignation ergeben haben, stehen auf und fordern gegenüber ihren Oberhirten, nachdrücklich gehört und ernstgenommen zu werden. Die «Schafe» gehen den aufrechten Gang, suchen die Augenhöhe mit den Hirten. Durch Taufe und Firmung sind sie dazu allemal berechtigt und in die Pflicht genommen. Und so kommt es in vielen Pfarreien immer wieder zu Situationen, die nicht in jedem Fall mit den römischen Vorschriften übereinstimmen. (Einige Beispiele, die konkrete Auswirkungen auf das Leben in den Pfarreien haben, finden sich im nachfolgenden Abschnitt 3.3.)

Die Reformen, die Rom aktiv und nicht nur bewahrend in Angriff nehmen muss, stauen sich: Rolle der Frauen in der Kirche, Pastoral im Umgang mit

---

12 www.pfarrer-initiative.at.
13 Gal 2,11 ff.
14 Hirtenbrief zur Fastenzeit 2012 von Msgr. Dr. Vitus Huonder, Bischof von Chur: «Die Ehe soll von allen in Ehren gehalten werden» (Hebr 13,4).
15 Der Augsburger Bischof Konrad Zdarsa will bis 2025 im Rahmen der pastoralen Raum- und Personalplanung die bisher kirchenrechtlich selbständigen 1000 Pfarreien in 203 Seelsorgeinheiten zusammenfassen.

den wiederverheirateten Geschiedenen, Zugang zum Priesteramt, Pflicht-Zölibat, Einbezug der Getauften und Gefirmten bei Bischofsernennungen, u. a. m.

Je weniger sich die Kirchenleitung im Vertrauen auf den heiligen Geist den Anforderungen der Zeit stellt, umso mehr ist der aufrechte Gang, der auch den Oberhirten ins Angesicht widersteht, gefordert. Und Papst und Bischöfe sollten sich darüber nicht wundern, sondern Gott danken, dass Menschen sich für die Kirche einsetzen und Sorge zu ihr tragen.

Zusammenfassung

1 Aufrechter Gang erfordert Mut.
2 Resignation verändert nichts.
3 Getaufte und gefirmte Christen dürfen–sollen–müssen aufrecht gehen!

Texte zum Weiterdenken

«Ermutigung

Du, lass dich nicht verhärten
In dieser harten Zeit
Die allzu hart sind, brechen
Die allzu spitz sind, stechen
Und brechen ab sogleich
Du, lass dich nicht verbittern
In dieser bittren Zeit
Die Herrschenden erzittern
– sitzt du erst hinter Gittern –
Doch nicht vor deinem Leid
Du, lass dich nicht erschrecken
In dieser Schreckenszeit
Das woll'n sie doch bezwecken
Dass wir die Waffen strecken
Schon vor dem grossen Streit
Du, lass dich nicht verbrauchen

Texte zum Weiterdenken

Gebrauche deine Zeit
Du kannst nicht untertauchen
Du brauchst uns, und wir brauchen
Grad deine Heiterkeit
Wir woll'n es nicht verschweigen
In dieser Schweigezeit
Das Grün bricht aus den Zweigen
Wir woll'n das allen zeigen
Dann wissen sie Bescheid»[16]

 Fragen zum Weiterdenken

Wo in Ihrer Pfarrei gehen Sie den aufrechten Gang?
Wo sollten Sie ihn gehen und gehen ihn nicht?
Warum nicht? Was würde helfen, aufrecht zu gehen?

3.3 Die Grosswetterlage und das Klima vor Ort

**«Nicht der Wind bestimmt die Richtung, sondern das Segel»
(aus China)**

Unsere Pfarreien sind Teil der römisch-katholischen Weltkirche, mit allen
Vor- und Nachteilen. Dies gehört zu ihrem Wesen. Das Zentrum, Rom,
scheint weit weg und ist doch nahe. Im Jahresbericht 2010 der Katholischen
Kirche im Kanton Zürich schreibt Daniel Kosch: «So paradox es klingt: Für
viele ist der Vatikan heute ‹näher› als das Pfarreizentrum.»[17] Er macht diese

---

16 *Biermann, Wolf:* Mit Marx- und Engelszungen. Gedichte, Balladen, Lieder, Berlin
 1968 u. ö. Copyright © 1966 by Wolf Biermann.
17 *Kosch, Daniel:* Kirche in der Kommunikationsgesellschaft, in: Jahresbericht 2010 der
 Katholischen Kirche im Kanton Zürich, 5–13, 6, online unter www.zh.kath.ch/
 service/publikationen/jahresberichte/jahresbericht-der-katholischen-kirche-im-
 kanton-zuerich/jahresbbericht-2010-pdf/at_download/file.

Aussage im Zusammenhang mit der Wirkung der Medien auf das Bewusstsein und die Kirchenkenntnis vieler Katholikinnen und Katholiken. Viele bilden sich ihr Urteil über ihre Kirche eher auf der Basis von Berichten in Zeitung, Internet und Fernsehen als durch persönliche Anschauung und Erfahrung in ihrer Pfarrei. Und da liegt ein Problem – jedenfalls für alle, die sich in unseren Gemeinden engagieren. Das «Image» unserer Kirche wird vornehmlich durch die veröffentlichte Meinung bestimmt, und nicht durch die hervorragende Arbeit, die an der Basis geleistet wird.

Zentrale Aufgabe der Kirche ist die Verkündigung des Evangeliums. Von Jesus, der Mensch geworden ist, und seinem Evangelium, der frohen Botschaft vom nahen, menschenfreundlichen Gott, hat sie zu berichten. Vieles, was im Laufe der Zeit dazugekommen ist und als Dogma und Tradition Eingang in die Glaubensvorstellung gefunden hat, ist der Begrenztheit und Begrifflichkeit unseres menschlichen Wesens geschuldet. Wir Menschen brauchen Erklärungen und Regeln.

Die römischen Vorschriften sind gemacht für eine weltumfassende Organisation. Schon wenn zwei Menschen miteinander leben*, braucht es Absprachen, um wie viel mehr in einer Kirche mit über einer Milliarde Mitglieder, verteilt auf sämtliche Kontinente. Sie muss sich Regeln und Gesetze geben, alles andere ist Sozialromantik. Die Schwierigkeiten treten immer dort auf, wo die Vorschriften für eine Milliarde Gläubige für vielleicht einen, für wenige oder für 7 Millionen Katholiken nicht eine Hilfe sind, sondern die Verkündigung des Evangeliums be- oder gar verhindern.

In Konflikt geraten Menschen, die sich in Pfarreien engagieren, wenn Rom

– die eucharistische Gastfreundschaft untersagt, in unseren Pfarreien aber reformierte Christinnen und Christen selbstverständlich mit ihren katholischen Partnerinnen und Partnern zur Kommunion gehen – in einer Region, in der 70 Prozent der Ehen konfessionsverbindende Ehen sind;

---

* (Achtung: Ironie!) «Wo zwei oder drei in meinem Namen versammelt sind, da bin ich mitten unter ihnen», so zitiert Matthäus Jesus. Wir alle sind dankbar für dieses Wort, weil es Jesu Gegenwart zuspricht, auch wenn wir in kleinen Gruppen zusammenkommen. Hat Jesus aber vielleicht sagen wollen: «Wo zwei oder drei in meinem Namen versammelt sind, da bin ich mitten unter ihnen, wenn's mehr sind, wird's schwierig»? Die anschliessende Frage des Petrus, wie oft er dem Bruder vergeben müsse, schliesst diese Deutung zumindest nicht aus ... (Mt 18,20).

- die gleichgeschlechtliche Partnerschaft grundsätzlich verbietet, in unseren Pfarreien aber Frauen und Männer (auch Priester) in diesem Status leben und die Pfarreien mitgestalten;

- die Predigt (Homilie) in der Eucharistiefeier Priestern vorbehalten will, in unseren Pfarreien jedoch auch genügend theologisch und geistlich gebildete Frauen und Männer zur Verfügung stehen, die diesen Dienst ebenso verantwortungsbewusst und kompetent leisten könnten und bereits leisten;

... den Priestern vorbehalten ... aber «Laien-»Theologinnen können es auch!

- bereits schon die Diskussion über den Pflicht-Zölibat verbieten möchte, in unseren Pfarreien aber Priestermangel herrscht und von den Gläubigen durchaus auch Priester akzeptiert sind, die bekanntermassen ihre Beziehung leben, dies aber nur «hinter vorgehaltener Hand» zugeben dürfen;

- den Gebrauch von Kondomen verbietet, in unseren Pfarreien aber die Mehrheit davon selbst Gebrauch macht und vor dem Hintergrund von Krankheiten wie Aids solche Anordnungen nur kopfschüttelnd aufnimmt;

- Frauen grundsätzlich vom Weihesakrament ausschliesst, obwohl in den Pfarreien das soziale, diakonische und immer mehr auch das spirituelle und theologische Leben von Frauen gestaltet wird.

Kein Kirchenrecht, keine Vorschrift, keine römische Verlautbarung, kein Papst und auch kein Bischof kann die Weite und die Höhen und Tiefen eines Lebens erfassen. Die Seelsorge in der Pfarrei muss der Sorge und der Not des einzelnen Menschen gerecht werden. Hier ist Gottes Herz weiter, als dies mancher «Geistesgefangene im Kirchenrecht» wahrhaben möchten. Auf das Leben!

Kirchenrecht bindet

Zusammenfassung

1 Zentrum des Auftrags der Kirche war, ist und bleibt die Verkündigung des Evangeliums.
2 Es braucht für eine Gemeinschaft wie die Kirche Regeln und Vorschriften.
3 Diese Regelungen sind gemacht für eine weltumfassende Organisation.
4 In der Seelsorge der Pfarrei geht es immer um den konkreten Menschen.
5 Nicht alle menschlichen Sorgen und Nöte sind in Vorschriften zu fassen.
6 In allem gilt, dass «das Heil der Seelen [...] in der Kirche immer das oberste Gebot sein muss» (CIC/1983 can. 1752).

Kirchenrecht entfesselt

Zu guter Letzt: Konflikte werden in der Regel durch einen der folgenden drei
Faktoren «gelöst»: durch Macht, Recht oder Interessen. Da es in der Seelsorge
um Menschen geht, müssen Kirchenleitung und Basis die Lösung im Bereich
der Interessen suchen. Das braucht einen langen Atem, aber Jesus hat uns
nicht zugesagt, mit Kurzatmigkeit ans Ziel zu kommen – weder den Bischöfen
noch den Christen an der Basis!

Fragen zum Weiterdenken

Wo gibt es in unserer Pfarrei Konfliktbereiche zwischen offiziellen Vorschriften und unserer Praxis?

Wie gehen wir damit um?

Was tun wir, wenn wir von der Kirchenleitung angemahnt werden, unsere
Praxis aufzugeben und zu ändern?

4 Wer hat hier das Sagen?

Manfred Belok

Die Kirche wird auch in Zukunft besonders dort hohe Ausstrahlungs- und Anziehungskraft haben, wo Menschen sie als lebendig, kreativ, als offen für die Fragen der Zeit und als interessiert und hilfreich in den Lebensfragen der Mitmenschen erleben. Sichtbar und erfahrbar wird eine solche Kirche z. B. im Engagement der vielen Frauen und Männer, die sich als getaufte und gefirmte Christinnen und Christen mit ihrer je eigenen Geist-Begabung, mit ihrem je eigenen Charisma aus innerem Antrieb in ihre Kirche einbringen und sich zum Aufbau der Pfarrei / der Gemeinde als der «Kirche am Ort» zum Wohle aller engagieren. Das Herz der Kirche schlägt in der Gemeinde / in der Pfarrei.

Vermutlich fallen Ihnen sofort Menschen aus Ihrem direkten Nahbereich ein: Frauen und Männer, Junge und Alte, Kinder und Jugendliche, die ihren Glauben konkret leben und mit anderen Menschen ihre Freude an Gott bezeugen und ihn feiern. Dies zeigt sich z. B. in gut gestalteten Gottesdiensten, in sorgfältig vorbereiteten Katechesen und im vielfältigen caritativen und diakonischen Engagement, angefangen von der Aufmerksamkeit für die Not von Menschen, die – offen sichtbar oder versteckt – viele Gesichter hat, bis hin zur Vorbereitung und Durchführung kreativer Kinder-, Jugend-, Familien- oder Seniorenfreizeiten oder in der Gestaltung eines lebendigen Pfarreifestes, das Menschen generationenübergreifend zusammenführen und miteinander in Gespräch und Austausch zu bringen vermag. Es geschieht vielerorts sehr viel Gutes, was das Leben- und Glauben-Können von Menschen in der Kirche ermöglicht und fördert. Gott sei Dank!

Wo Menschen zusammenkommen und sich engagieren, treffen natürlich viele Interessen aufeinander, zudem mit unterschiedlichen Haupt- und Nebenzielen, auch wenn die Grundausrichtung eine gemeinsame ist. Das ist eine ganz normale Erfahrung, die jede/r von uns kennt und tagtäglich in der Politik, in der Gesellschaft und eben auch in der Kirche macht. Die Kirche ist kein Sonderraum, keine abgehobene «heile Welt». Sie ist zwar nicht *von* dieser Welt, aber real *in* dieser Welt, und das bedeutet, dass sie wie jede andere menschliche Gemeinschaft, welcher Ausrichtung auch immer, den ganz normalen sozialen Gesetzen der Gemeinschaftsbildung unterliegt. Das heisst z. B. auch: Sie muss sich organisieren und sich eine Leitungsstruktur geben, um handlungsfähig zu sein. Jede Gemeinschaft – sei es eine Partei, ein Sportverein, eine Bürgerbewegung – braucht Personen, die im Dienste dieser Gemeinschaft Aufgaben/Dienste/Funktionen/Ämter übernehmen, um die jeweiligen Ziele zu erreichen. So auch in der Kirche.

Doch wie versteht und definiert sich die katholische Kirche? Wofür braucht es das geweihte Amt in ihr? Und warum eine hierarchische Struktur? Hat zudem allein das hierarchisch gegliederte geweihte Amt das Sagen in der Kirche? Welche Bedeutung hat das «gemeinsame Priestertum aller Gläubigen» in der Ausübung der Leitungsaufgabe? Und ist das Miteinander kirchlicher und staatskirchenrechtlicher Strukturen in der Römisch-Katholischen Kirche der Schweiz nicht geradezu ein vorbildlicher Ausdruck für dieses «gemeinsame Priestertum aller Gläubigen» und damit ein wichtiges Korrektiv zu alleiniger und einseitiger Festlegung der pastoralen Ziele und Schwerpunkte durch das geweihte Amt?

4.1 Die Kirche ist «eine einzige komplexe Wirklichkeit»

Das II. Vatikanische Konzil sagt in seiner Kirchenkonstitution *Lumen Gentium* («Licht der Völker») über die Kirche: «Die mit hierarchischen Organen ausgestattete Gesellschaft und der geheimnisvolle Leib Christi, die sichtbare Versammlung und die geistliche Gemeinschaft, die irdische Kirche und die mit himmlischen Gaben beschenkte Kirche sind nicht als zwei verschiedene Grössen zu betrachten, sondern bilden eine einzige komplexe Wirklichkeit, die aus menschlichem und göttlichem Element zusammenwächst» (I,8).

Das heisst: Eine christliche Gemeinde muss sich immer wieder ihrer Doppelgestalt bewusst werden. Sie hat eine «göttliche» und eine «menschliche» Seite, die nicht voneinander zu trennen sind und doch unterscheidbar bleiben. Gemeinde *ist* eine Organisation, weil sie eine dauerhaft gebildete soziale Ordnung verkörpert, in der die Zugehörigkeit durch Taufe und Firmung begründet wird und die Mitglieder in dieser Organisation sich folgerichtig als «Schwestern und Brüder im Glauben» identifizieren und so ansprechen. Und Gemeinde *hat* eine Organisation, weil sie Menschen und Aktivitäten zweckgerichtet aufeinander ausrichtet.

Dieses Kirchenverständnis, das die Kirche als «eine einzige komplexe Wirklichkeit» umschreibt, verdeutlicht auch: Die Kirche im Grossen wie im Kleinen – als Weltkirche, als Kirche vor Ort (Bistum) und als Kirche am Ort (Pfarrei) – hat als «sichtbare Versammlung und geistliche Gemeinschaft» einen hohen Leitungsbedarf. Eine Pfarrei, eine christliche Gemeinde, erst recht eine, die bewusst Subjekt ihrer Pastoral werden will, in der sich möglichst viele nicht nur mitverantwortlich, sondern miteinander verantwortlich wissen für ein Leben aus dem Glauben in der Kirche am Ort, bedarf daher unbedingt des Dienstes der Leitung.

Texte zum Weiterdenken

Zu «Führen und Leiten in der Kirche»: *Bischofberger, Pius/Belok, Manfred (Hg.):* Kirche als pastorales Unternehmen. Anstöße für eine kirchliche Praxis, Zürich 2008.

Fragen zum Weiterdenken

Ist mir die Doppelgestalt der Kirche, von «sichtbarer Versammlung» und «geistlicher Gemeinschaft», von «irdischer Kirche» und von «mit himmlischen Gaben beschenkter Kirche», wie sie das II. Vatikanische Konzil in *Lumen Gentium* I,8 beschreibt, eigentlich bewusst?

Wo erlebe ich die Kirche im Grossen wie im Kleinen – als Weltkirche, als Kirche vor Ort (Bistum) und als Kirche am Ort (Pfarrei) – als eine «mit hierarchischen Organen ausgestattete Gesellschaft», und wo vor allem als eine «geistliche Gemeinschaft»?

Wo wird für mich die Kirche als «geheimnisvoller Leib Christi» und als eine «mit himmlischen Gaben beschenkte» besonders sichtbar? Und was kann ich / was können wir tun, dass diese Seite der Kirche bei uns «am Ort» sichtbarer und erfahrbarer wird?

Wie verstehe ich die Aussage, dass die Doppelgestalt der Kirche «nicht als zwei verschiedene Grössen zu betrachten [ist], sondern eine einzige komplexe Wirklichkeit [bildet]», die zudem «aus menschlichem und göttlichem Element zusammenwächst»? Wie wie können wir mit diesem Spannungsverhältnis so umgehen, dass sie auch für die Menschen von heute spannend bleibt?

4.2 Das (Weihe-) Amt in der Kirche ist um der Menschen willen da ...

Die Erfahrung lehrt: Um die Vielfalt der unterschiedlichen Interessen und Absichten, Ziele und Wege der Kirche im Grossen und im Kleinen aufeinander und miteinander abzustimmen und vor allem: um sich immer wieder auf den Grundauftrag Jesu zu besinnen, braucht es Menschen, die für verschiedene Aufgaben/Dienste/Funktionen/Ämter eigens beauftragt und mit einer entsprechenden Autorität ausgestattet werden. In der nun gut zweitausendjährigen Geschichte der Kirche hat sich relativ früh schon das dreistufige Amt (Diakon, Priester, Bischof) herausgebildet. Diese Ämter werden in der neutestamentlichen Tradition Menschen durch Handauflegung und Gebet, also durch Weihe, öffentlich übertragen. Die Hauptaufgabe des (Weihe-) Amtes – an ihm haben Pastoralassistentinnen und -assistenten, die hauptberuflich im Auftrag ihres jeweiligen Ortsbischofs in einer Gemeinde Dienst tun, Anteil – ist es, den Sendungsauftrag der Kirche zu verdeutlichen, zu zeigen, wozu die Kirche als Ganzes da ist: Menschen mit Jesus Christus in Berührung zu bringen, die Glaubenden um Gottes Wort und die Eucharistie zu versammeln und untereinander zu vernetzen und das Evangelium in Wort und Tat so darzubieten, dass es von den Zeitgenossen als bedeutsam und entscheidend für das eigene Leben erfahren wird. Dies ereignet sich in den Grundvollzügen der Kirche: in der Glaubensverkündigung, in der Glaubensfeier und in der Diakonie als dem Ort der Glaubensbewährung.

Früher sprach man gerne von der «Drei-Ämter-Lehre» und gestaltete das pastorale Handeln entsprechend vor allem *amts*bezogen: Die geweihten Amtsträger üben das Lehr-, Hirten- und Priesteramt Christi aus. Spätestens seit dem II. Vatikanischen Konzil aber ist wieder bewusst geworden: Das ganze Volk Gottes hat durch die Taufe Anteil an den drei «Ämtern» Christi: Jede/r ist Priester/in, König/in und Prophet/in durch und mit Christus. *Alle* Mitglieder des Volkes Gottes sind Trägerinnen und Träger der Grundvollzüge der Kirche – nicht in erster Linie oder gar allein die Vertreter des geweihten Amtes und die, die als Pastorale Mitarbeiterinnen und Mitarbeiter an diesem Amt Anteil haben. Diese natürlich auch, aber zuallererst eben in ihrer Eigenschaft als Mitglieder des Volkes Gottes. Somit haben alle Getauften das Recht und die Pflicht, den Glauben zu verkünden, den Glauben zu feiern und den Glauben in der Liebe zum Mitmenschen, der in Not ist, zu leben. Das II. Vatikanische Konzil versteht die Kirche als Communio: Das *ganze* Volk Gottes bildet die *eine* Kirche in der ganzen Vielfalt der Charismen, Ämter und Dienste, d. h.

«Volk» ist nicht das Gegenstück zur «Hierarchie». *Alle* Glieder der Kirche haben aus Sicht des Konzils Anteil an den drei «Ämtern» Christi und an der Sendung der Kirche.

Als Basis für das Verständnis von Diensten und Ämtern in der Kirche sind folgende zwei Eckdaten wichtig: Die Römisch-Katholische Kirche ist (a) sakramental strukturiert und (b) rechtlich verfasst, d. h. zum einen: Sie versteht sich von den Sakramenten her und lebt aus ihnen. Und zum anderen: Die Christinnen und Christen in ihr verstehen sich nicht als ein Verein religiös begabter Virtuosen, sondern als eine Gemeinschaft von Gleichgesinnten und Gleichgestellten in der Nachfolge Jesu, in der eine rechtliche Ordnung das Grundanliegen schützen will (ausführlicher unter Punkt 4.3).

So werden in der Römisch-Katholischen Kirche die Aufgaben/Dienste/Funktionen/Ämter zur Wahrnehmung des Grundauftrags Jesu zum einen theologisch begründet (z. B. durch Taufe und Firmung als der Grundberufung zum Christsein), kirchenrechtlich geschützt (z. B. durch die Angabe der Zulassungsberechtigung zu einem Amt) und in einer liturgischen Feier öffentlich-

Funktion des Kirchenrechts: theologisch Wichtiges schützen

73

amtlich übertragen (durch Handauflegung und Gebet und/oder durch die Erteilung der Missio canonica, des kirchlichen Sendungsauftrages durch den Bischof). Zum anderen werden die zu übernehmenden und zu übertragenden Aufgaben/Dienste/Funktionen/Ämter lehramtlich (dogmatisch) und kirchenrechtlich unterschieden und unterschiedlich gewichtet: Handelt es sich um ein die ganze Existenz eines Menschen einforderndes dauerhaftes Dienstamt, so dass die, die ein solches übernehmen, voll in die Ordnung der Kirche (= in den Ordo) hineingenommen und ordiniert werden müssen? Hierzu gehört das dreistufige (Weihe-)Amt (Bischof, Priester, Diakon). Oder handelt es sich um einen, wenn auch auf Dauer übernommen, so doch nicht die ganze Existenz einfordernden Dienst, für das zwar eine Beauftragung – etwa zum Amt einer Kommunionhelferin, eines Lektors – nötig ist, aber keine Weihe? Im Kirchenrecht, dem CIC/1983 can. 145 § 1 heisst es: «Kirchenamt ist jedweder Dienst, der durch göttliche oder kirchliche Anordnung auf Dauer eingerichtet ist und der Wahrnehmung eines geistlichen Zweckes dient.» Der Unterschied zwischen «Dienst» und «Amt» ist allein das Kriterium der Dauerhaftigkeit. Denn ein kirchlicher Dienst (z. B. der Predigtdienst, der Besuchsdienst, der Dienst in der Sakramentenvorbereitung) kann einmalig oder nur vorübergehend sein. Ein Amt dagegen ist ein auf Dauer eingerichteter Dienst mit bestimmten Pflichten und Rechten (z. B. das Bischofsamt, das Pfarramt). Ein Leitungsamt in der Kirche beinhaltet zudem neben dem sozialen Aspekt von Leitung auch den religiösen Aspekt, im Leitungshandeln Jesus Christus, das Haupt der Kirche, zu vergegenwärtigen.

Eine Aufgabe von Leitungspersonen einer Gemeinde besteht u. a. darin, die verschiedenen Gaben des Geistes, mit denen Gott die in der Gemeinde lebenden Menschen begabt und beschenkt hat, zu entdecken und anzuerkennen, ihnen Raum zu geben und sie zu fördern. Ich denke z. B. an die Organistin, die die Ausdruckskraft der Liturgie durch gute Musik verstärkt und den Gesang der Gemeinde unterstützt. Oder an den Chorleiter, der auf Menschen zugeht, die zum Lobe Gottes singen möchten, sie im Kirchenchor versammelt, mit ihnen Stücke einübt und an Festtagen im Gottesdienst aufführt und zum Klingen bringt. Oder an die Katechetin, die das Wort Gottes auf didaktisch gute Weise Kindern und Jugendlichen in anschaulichen Bildern und Geschichten nahebringen kann. Aufgabe des Amtes ist es, den verschiedenen Geist-Begabungen zum Aufbau der Gemeinde Raum und Entfaltungsmöglichkeiten zu geben. Mit der Förderung dieser Charismen verbunden ist die Aufgabe, alle Geistgaben auf die äussere und innere Lebensfähigkeit und Lebendigkeit und die Entwicklungsfähigkeit der Gemeinde als Kirche am Ort auszurichten.

Zusammenfassung

Die Zukunft des Glaubens und der Kirche hängt nicht in erster Linie von Ämtern und Diensten ab, sondern davon, dass es Menschen gibt, die aus dem Evangelium leben und es bezeugen. Insofern ist das Amt immer eine nachgeordnete Grösse. Seine Aufgabe ist die Ermöglichung der Charismen. Das Amt soll seine Autorität hierfür nutzen. Das Wort Autorität kommt vom Lateinischen *augere* und bedeutet «mehren, vergrössern», nicht «kleinmachen» oder «schmälern». Folglich heisst es in *Lumen Gentium*: «Um Gottes Volk zu weiden und immerfort zu mehren, hat Christus, der Herr, in seiner Kirche verschiedene Dienstämter eingesetzt, die auf das Wohl des ganzen Leibes ausgerichtet sind. Denn die Amtsträger, die mit heiliger Vollmacht ausgestattet sind, stehen im Dienst ihrer Brüder, damit alle, die zum Volk Gottes gehören und sich daher der wahren Würde eines Christen erfreuen, in freier und geordneter Weise sich auf das nämliche Ziel hin ausstrecken und so zum Heile gelangen» (*Lumen Gentium* II,18).

 Fragen zum Weiterdenken

Werden die Ämter (mit und ohne Weihe) – in der Weltkirche und hier bei uns vor Ort – so ausgeübt, dass sie der Lebendigkeit der Kirche dienen? Welche Anregungen möchte ich geben?

Welche Ämter und Dienste braucht es in der Kirche «auf dem Weg durch die Zeit»? Welche Charismen braucht sie? Mit welchen hat Gott uns hier und jetzt bereits beschenkt?

Zu welchem speziellen Dienst in der Kirche, zu welchem Amt (mit oder ohne Weihe) bin ich – auf der Basis eines Selbstbewusstseins, dass die grundlegende Berufung zum Christsein durch die Taufe gegeben ist – bereit?

Wo sehe ich Diskussions- und Handlungsbedarf im Hinblick auf neue Ämter und Dienste? Brauchen die neuen Sozialformen gelebten Glaubens nicht auch eine entsprechende neue Ausgestaltung des kirchlichen Amtes, das ja nie zum Selbstzweck werden darf?

4.3 Die Kirche ist hierarchisch verfasst – und damit zu «heiliger Herrschaft» legitimiert?

Noch einmal: Wer hat in der katholischen Kirche das Sagen? Wer darf die Richtung vorgeben und entscheiden, was zu tun und zu lassen ist? Was bedeutet in diesem Zusammenhang, dass die Kirche «hierarchisch verfasst» ist? Die Frage wird verschärft, wenn man bedenkt, dass die katholische Kirche eine von wenigen (und in ihren Führungspositionen auf allen Ebenen zumeist alten) Männern geleitete Frauenkirche ist: Die Mehrheit im Volk Gottes, die im Wesentlichen das kirchliche Leben trägt und gestaltet, sind Frauen, und zwar jedes Alters. Die aber, die die Kirche als «mit hierarchischen Organen ausgestattete Gesellschaft» und als «geheimnisvollen Leib Christi», als «die sichtbare Versammlung» und als «geistliche Gemeinschaft», als «irdische Kirche» und als «die mit himmlischen Gaben beschenkte Kirche» leiten (*Lumen Gentium* I,8), sind nur Männer, da das geweihte Amt kirchenrechtlich ausschliesslich ehelosen Männern vorbehalten bleibt. Zu unterscheiden ist hier ein Zweifaches: die Zugangsberechtigung zum geweihten Amt und das Selbstverständnis wie auch die Ausübung des Amtes. Was meint «hierarchisch»?

Das Wort «Hierarchie» kommt aus dem Griechischen und bedeutet nicht in erster Linie «heilige Herrschaft», sondern Erinnerung an den «heiligen Ursprung». Dies besagt: Alle Getauften und Gefirmten miteinander sind das Volk Gottes; in diesem Volk Gottes gibt es das geweihte Amt, und zwar mit der Aufgabe: sich und uns alle immer wieder an den «heiligen Ursprung» zu erinnern, damit wir prüfen können, ob wir noch in der Spur Jesu sind.

Jeder geweihte Amtsträger, auf welchem Stuhl er auch sitzt, auf dem Bischofsstuhl, dem Priestersitz oder auf dem Heiligen Stuhl, jeder ist Jesus Christus verantwortlich: «Jesus ist der Herr [...] Es gibt verschiedene Dienste, aber nur den einen Herrn» (1 Kor 12,3–13). Alle Autoritäten in der Kirche haben nur so viel Sinn und Berechtigung, wie sie in der Nachfolge Jesu stehen und auf ihn als die letzte Autorität hinweisen. Alle Dienste und Ämter (mit und ohne Weihe) in der Kirche sind dabei so wahrzunehmen, dass sie der biblischen Weisung entsprechen: «Wir sind Diener eurer Freude, nicht Herren eures Glaubens» (2 Kor 1,24).

Amtsträger müssen also sowohl *gottesfürchtig* als auch *menschenfreundlich* und *kommunikativ* sein und von den Menschen auch so wahrgenommen werden (können). Und: Alle getauften, gefirmten, mündigen Christinnen und Christen sollten *gemeinsam* um die richtigen Antworten in den theologisch und pastoral wichtigen Themen und Fragen ringen. Die alleinige Definitionsmacht darf – auf Zukunft hin gesehen – nicht allein beim hierarchisch verfassten Amt liegen. Denn wenn weiterhin letztlich alle Entscheidungen von Tragweite ohne Rückbindung an repräsentativ besetzte Gremien des Volkes Gottes getroffen werden, verkommt die kirchliche Rätestruktur zunehmend zum Feigenblatt und wird zu Recht in ihrer Sinnhaftigkeit zunehmend infrage gestellt.

 Fragen zum Weiterdenken

Ist mir/uns bewusst, dass die katholische Kirche eine «hierarchisch verfasste Kirche» ist? Wo und bei welchen Gelegenheiten wird mir/uns das besonders deutlich? Wo begrüsse ich es? Wo stört es mich?

Was bedeutet es für mich/uns, dass wir als Römisch-Katholische Kirche rechtlich und faktisch eine von wenigen Männern geleitete Frauenkirche sind?

Welche Leitungs-/Führungsaufgaben nehmen Frauen, die das kirchliche Leben in der Pfarrei im Wesentlichen tragen und gestalten (z. B. in der Diakonie und in der Katechese) bei uns wahr? Welche sollten sie wahrnehmen?

Wie kann ich/wie können wir als Getaufte und Gefirmte die Bedeutung von «Hierarchie» als «Erinnerung an den heiligen Ursprung» für uns selbst und für die Menschen, mit denen wir in der Kirche das Volk Gottes bilden, neu erschliessen (helfen)?

Wenn ich ein Dienst-Amt (mit oder ohne Weihe) in der Kirche übertragen bekommen habe: Was kann ich tun, dass ich es *gottesfürchtig* und *menschenfreundlich* und *kommunikativ* so ausübe, dass es von den Menschen auch so wahrgenommen werden kann und ihnen hilft?

Was kann ich/was können wir dazu beitragen, dass Menschen, denen ein Dienst-Amt (mit oder ohne Weihe) in der Kirche übertragen worden ist, dieses so ausüben, dass sie gemäss 2 Kor 1,24 als «Diener und Dienerinnen der Freude, und nicht als Herren und Herrinnen des Glaubens» erlebt werden?

4.4 Das Duale System der Römisch-Katholischen Kirche in der Schweiz

Durch das *Miteinander* – je nach Sichtweise auch *Nebeneinander* – der kirchenrechtlichen und der staatskirchenrechtlichen Strukturen in der Römisch-Katholischen Kirche der Schweiz besteht eine Doppelstruktur, ein Duales System. Diese beiden Strukturen stehen in einer gewissen Spannung zueinander, da nach kanonischem Recht[18] die Römisch-Katholische Kirche weltweit und diözesan hierarchisch «von oben nach unten» verfasst ist: Weltkirche, nationale Bischofskonferenzen, Einzelbistümer, Pfarreien. Nach schweizerischem staatlichem Religionsrecht ist eine demokratische Struktur «von unten nach oben» zwingend und setzt primär auf kommunaler Ebene an: Kirchgemeinden, kantonale Organisationen, Römisch-Katholische Zentralkonferenz (RKZ). Als öffentlichrechtlich anerkannte kirchliche Körperschaften (Kirchgemeinden, kantonalkirchliche Organisationen) haben sie insbesondere das Recht, Steuern zu erheben, und den erleichterten Zugang zu öffentlichen Einrichtungen (Schulen, Spitälern, Gefängnissen etc.).

Die 1971 im Elan des nachkonziliären Aufbruchs gegründete Römisch-Katholische Zentralkonferenz der Schweiz ist der Zusammenschluss der kantonalkirchlichen Organisationen in der Schweiz, wobei «kantonalkirchliche Organisationen» als Sammelbegriff für eine Vielzahl unterschiedlich verfasster kirchlicher Körperschaften in den 26 Kantonen und Halbkantonen der Schweiz steht. Aufgabe der staatskirchenrechtlichen katholischen Körperschaften ist es, zwischen dem schweizerischen Staatswesen und der Römisch-Katholischen Kirche der Schweiz eine Brücke zu schlagen. Die katholischen Körperschaften kantonalen Rechts sind selbst nicht Kirche, sondern vom Staat dazu bestimmt, die Katholiken auf seinem Territorium zusammenzufassen, um die finanziellen und übrigen materiellen Voraussetzungen für das Wirken der Kirche sicherzustellen. Gemäss Statut «fördert die RKZ das Wohl der Römisch-Katholischen Kirche und den religiösen Frieden in der Schweiz. Dabei stärkt sie die Solidarität unter den Angehörigen der Römisch-Katholischen Kirche und das gemeinsame Verantwortungsbewusstsein für die Finanzierung pastoraler Aufgaben.»[19] Wichtigste Aufgabe der RKZ ist die (Mit-)

---

18 Vgl. CIC/1983, cann. 368–430.

19 Statut und Geschäftsordnung der Römisch-Katholischen Zentralkonferenz der Schweiz, online unter www.rkz.ch/upload/20090331112652.pdf.

Finanzierung überkantonaler, überdiözesaner und sprachregionaler kirchlicher Institutionen (Aus- und Weiterbildung, Fachstellen, Verbände etc.), wobei die fünf finanzkräftigsten Kantonalkirchen – Zürich, Luzern, St. Gallen, Aargau und Waadt – für fast die Hälfte des RKZ-Gesamtbudgets von derzeit knapp 9 Millionen Franken aufkommen. Die finanziellen Mittel sind in der Römisch-Katholischen Kirche Schweiz sehr ungleich verteilt: Durchschnittlich 85 Prozent dieser Geldmittel stehen in den Kirchgemeinden zur Verfügung, 13 Prozent auf kantonaler Ebene und nur 1 Prozent auf diözesaner und 1 Prozent auf nationaler Ebene. Wahrgenommen wird diese Aufgabe – gewichtigster Ausgabeposten ist das Sekretariat der Schweizer Bischofskonferenz und deren Kommissionen – auf der Grundlage eines Vertrages aus dem Jahr 1983 in Partnerschaft mit dem Hilfswerk Fastenopfer und in Zusammenarbeit mit der Schweizer Bischofskonferenz.

Die kirchenrechtlichen und die staatskirchenrechtlichen Strukturen stehen zwar, wie gesagt, in einer gewissen Spannung, ja, sogar im Kontrast zueinander, da das von unten nach oben aufgebaute direktdemokratische schweizerische Staatsmodell mit seiner starken Betonung der Gemeindeautonomie sich diametral vom Aufbau und Strukturprinzip der Römisch-Katholischen Kirche unterscheidet, die vom Papst und von den Bischöfen hierarchisch geleitet wird. Die Schweizer Bischofskonferenz bekennt sich jedoch ausdrücklich zum Dualen System, das bei Wahrung der jeweiligen Zuständigkeiten zum Wohle aller konstruktiv und produktiv gestaltet werden kann und gestaltet wird, wie die «Gemeinsame Erklärung» der Schweizer Bischofskonferenz und der Römisch-Katholischen Zentralkonferenz vom 25. Februar 2005 unterstreicht.[20] Die Schweizer Bischofskonferenz bekräftigte dies auch auf der Studientagung «Katholische Kirche und Staat in der Schweiz», die sie in Absprache mit dem Heiligen Stuhl in hochrangiger Besetzung am 3./4. November 2008 in Lugano durchführte und die vom Vorsitzenden der Schweizer Bischofskonferenz und dem Vorsitzenden des Päpstlichen Rates für die Gesetzestexte gemeinsam geleitet wurde.

 Fragen zum Weiterdenken

Wie zeigt sich das Duale System, das Miteinander von kirchenrechtlichen und staatskirchenrechtlichen Strukturen im Alltag unserer Pfarrei? Erlebe ich die Doppelstruktur als Ergänzung oder Gegensatz, als Risiko oder Chance?

Erlebe ich die kirchliche und staatskirchenrechtliche Doppelstruktur eher als ein positives Zusammenwirken von Kirche und Staat in gemeinsamen Belangen, also als ein konstruktives Miteinander, oder eher als ein Nebeneinander, vielleicht sogar als ein destruktives Gegeneinander?

Wo sehe ich / wo sehen wir die *Stärken* und wo die *Schwächen* im Dualen System?

---

20 Vgl. *Schweizer Bischofskonferenz/Römisch-Katholische Zentralkonferenz:* Gemeinsame Erklärung 2005, online unter www.rkz.ch/upload/20090411160629.pdf.

❓ Fragen zum Weiterdenken

Werden durch die kirchenrechtliche und staatskirchenrechtliche Doppel-struktur der Römisch-Katholischen Kirche in der Schweiz die Hand-lungs- und Weisungsmöglichkeiten eines Bischofs in seinem Bistum behindert, ja, massiv eingeschränkt, wie Kritiker des Dualen System anführen?

Was sage ich / was sagen wir zur Kritik in den Texten der Synode 72 des Bistums Chur (Bd. IX, S. 29) zur Kirchensteuer: «Immerhin ist darauf hinzuweisen, dass das System der mit staatlichem Verwaltungszwang eingezogenen Kirchensteuern wegen der damit einhergehenden Ver-flechtung von kirchlichem Anliegen mit staatlicher Macht [...] kritisiert wird»?

Halte ich / halten wir eine Überprüfung des bisherigen Kirchensteuerein-zugsverfahrens durch den Staat sowie eine Prüfung von Alternativmo-dellen zur Kirchensteuer (z. B. Mandatssteuern) für wünschenswert?

Ist aus meiner/unserer Sicht die Praxis, dass in der Mehrzahl der Kan-tone auch juristische Personen (Aktiengesellschaften usw.) zu Steuer-leistungen für die christlichen Kirchen herangezogen werden, richtig oder eher problematisch? Und wie anders könnte die soziale Verpflich-tung des Kapitals gegenüber gemeinschaftsgebundenen Aufgaben auch weiterhin zur Geltung kommen?

Wenn bei *Kirchgemeinden* und *kantonalkirchlichen Organisationen* staats-kirchenrechtlich als Voraussetzung für die Anerkennung als Körper-schaft öffentlichen Rechts *Rechtsstaatlichkeit, demokratische Organisa-tionsform* und *finanzielle Transparenz* gegeben sein muss: Was macht es den Kritikern so schwer, dies zu bejahen?

Was kann ich / was können wir tun, damit in unserer Pfarrei/Gemeinde der Solidaritätsgedanke und das gemeinsame Verantwortungsbe-wusstsein für die Finanzierung pastoraler Aufgaben nicht nur unserer Pfarrei/Gemeinde, sondern auch auf überpfarreilicher, überdiözesa-ner, überkantonaler und sprachregionaler Ebene gestärkt wird?

Kirche lebt am Ort

5   Was lebt an Kirche?

5.1   Worauf es ankommt

Andreas Diederen

Manchmal ist in der Krisenstimmung unserer Kirche die Mahnung «von oben» zu hören, Kirchenkritiker/innen sollten sich endlich auf das Wesentliche des Glaubens konzentrieren, statt ständig auf Reformanliegen herumzureiten. Unsere Kirche leide an zu wenig Glauben, und nicht an Reformstau. Statt mehr Mitsprache und Demokratie in der Kirche brauche es mehr Heilige. Ich gestehe freimütig: Solche Mahnungen ärgern mich, und zwar nicht, weil ich sie grundsätzlich falsch finde, sondern weil in ihnen etwas zutiefst Richtiges für Falsches missbraucht wird. So verkommt das Kostbarste, der Glaube selbst, zur Ideologie, zur Verschleierung der wahren Probleme. Denn solche Mahnungen verkennen, wie sehr die wichtigsten und meistgenannten Reformanliegen mit der Mitte des Glaubens verbunden sind. Der Reformstau in unserer römisch-katholischen Kirche betrifft zwar nicht den Kern des Glaubens. Denn der Glaube mit seinen Grundinhalten und Grundaussagen bedarf keiner Reform. Was aber Katholikinnen und Katholiken zumeist am Herzen liegt, wenn sie Reformen fordern, sind keine reinen Äusserlichkeiten und Nebensächlichkeiten:

In der Frage der wiederverheirateten Geschiedenen geht es um menschliche und spirituelle Dramen. Es steht nichts Geringeres auf dem Spiel als die Frage, wie wir die Botschaft der Propheten und des Evangeliums Jesu – «Barmherzigkeit will ich, und nicht Opfer» (vgl. Hos 6,6; Mt 9,13; 12,7) – heute angesichts dieser Not glaubwürdig verkünden und ins Leben umsetzen können.

Beim Ringen um veränderte Zulassungsbedingungen zum sakramentalen Amt geht es letztlich um die Frage, wie wir in unseren Pfarreien überhaupt noch die Eucharistie feiern können – «Quelle und Höhepunkt des ganzen christlichen Lebens» (*Lumen Gentium* II,11)!

Zur Rolle der Frauen hört man lehramtlich immer wieder schöne Sätze, z. B. diesen: «Christen müssen überall eine Kultur fördern, die die gleiche

Priestermangel:
Gegenmassnahmen

Würde der Frau anerkennt, im Recht und in der Wirklichkeit der Fakten»
(Papst Benedikt XVI.). Wenn aber die Rolle der Frauen in der Kirche selbst
nicht in Fakten widerspiegelt, was lehramtlich gefordert wird, wird die Glaubwürdigkeit der Kirche und des Lehramtes selbst untergraben.

Die Forderung nach mehr Mitsprache der gläubig-praktizierenden Basis
auf ortskirchlicher Ebene, auch bei der Bestellung neuer Amtsträger, ist keine
äussere Struktur-Debatte, sondern entstammt unter anderem der erlebten
Not, dass immer öfter Menschen mit wenig pastoralem Gespür wichtige
kirchliche «Hirten»-Ämter erhalten. Wenn man sich um die Qualität der
Amtsausübung und damit um das Amt überhaupt in der Kirche sorgt, sorgt
man sich um Wesentliches unseres Glaubens.

Aber zurück zu jener Mahnung, man solle sich mehr um den Glauben als
um Reformen bemühen. Etwas stimmt eben schon daran: Auch wenn sämtliche Reformanliegen verwirklicht wären, wenn Priester verheiratet sein könnten, Geschiedene ohne Wenn und Aber zur Gemeinschaft dazugehören würden, wenn Frauen alle Ämter in der Kirche offenstünden und das Bistum

86

selbst seinen Bischof wählen könnte, wäre die Krise der Kirche heute wohl nicht überwunden. Das lehrt uns ein ehrlicher, ökumenischer Blick auf unsere Schwesterkirchen. Vielleicht aber würde es uns ohne die Reibungsverluste, die der Reformstau verursacht, leichter fallen, etwas gegen den Kern dieser Krise zu tun: gegen das schwindende Interesse in unserer Gesellschaft an der Botschaft Jesu, gegen den wachsenden Mangel an Gespür für die tieferen Dimensionen des Lebens und der Wirklichkeit. Vor allem würde mir mehr Kraft bleiben für das Bemühen darum, dass mein eigenes Vertrauen wächst, meine eigene Hoffnung stärker wird und meine Liebe stärker brennt.

Es ist ja richtig: Lebendig wird unsere Kirche nur dann, wenn in ihr Menschen die Botschaft Jesu ernst nehmen und ins eigene Leben übersetzen – in Tat und Wort. Lebendig wird unsere Kirche, wenn Menschen durch sie entdecken, dass der Auferstandene verborgen da ist und mit ihnen in Beziehung sein will. Lebendig wird unsere Kirche, wenn Menschen im Vertrauen auf eine grenzenlose Liebe selbst immer mehr zu Liebenden werden – und dabei vielleicht so weit kommen, sogar den Feind lieben zu lernen, auch den Feind in den eigenen kirchlichen Reihen. Lebendig wird unsere Kirche, wenn wir tatsächlich den Glauben feiern, ihn im Alltag bezeugen und aus ihm heraus handeln.

So nehme ich die Mahnung «von oben» also trotz falscher Untertöne ernst: Um mehr Glauben, um mehr Hoffnung und um mehr Liebe muss ich mich bei mir selbst zuerst bemühen, und das mindestens genauso intensiv, wie ich mich für Reformanliegen in der Kirche einsetze. Es liegt an mir, die falsche Alternative jener Mahner – mehr Glaube statt Reformen – aufzuheben. Denn das Bemühen um eine Glaubenserneuerung ohne ernsthafte äussere Reformen ist blind, rein äussere Reformen ohne Glaubensvertiefung blieben leer.

Was aber kann ich tun, damit mein Glaube wächst? Dazu drei kurze und sehr unvollständige Anregungen:

Um Glauben bitten: Schon die Jünger Jesu bitten: «Herr, stärke unseren Glauben» (Lk 17,5). Entscheidend ist das Bewusstsein, dass der Glaube nicht meine Leistung ist, sondern bereits ein Geschenk. Geschenke kann ich nicht einfordern, aber ich darf, ja, ich soll sogar in diesem Fall darum bitten.

Regelmässige Zeiten: Jede Beziehung lebt von Momenten der bewussten Beziehungspflege. So braucht auch der Glaube als Beziehung zu Gott bewusste Zeiten. In jedem spirituellen Ratgeber, gleich welcher Prägung, wird immer wieder betont: Es bedarf der Regelmässigkeit, wenn inneres Wachstum gelingen will. Regelmässig und treu muss ich mir Zeit nehmen für Gebet, Stille, Meditation.

In der Liebe wachsen: Das Bemühen um spirituelles Wachstum gerät in eine Sackgasse, wenn es dabei nur um mich, um meine religiösen Gefühle, um meine – echte oder vermeintliche – Gottesbeziehung geht. Wer im Glauben wachsen will, muss versuchen, in der Liebe zu wachsen. Liebe aber ist stets konkret. Darum schreibt Jakobus: «Wie der Körper ohne den Geist tot ist, so ist auch der Glaube tot ohne Werke.» (Jak 2,26) Paulus sagt dasselbe auf seine Weise so: «Wenn ich alle Glaubenskraft besässe und Berge damit versetzen könnte, hätte aber die Liebe nicht, wäre ich nichts. [...] Für jetzt bleiben Glaube, Hoffnung, Liebe, diese drei; doch am grössten unter ihnen ist die Liebe.» (1 Kor 13,2.13)

Texte zum Weiterdenken

Um Glauben bitten

Bittet, dann wird euch gegeben; sucht, dann werdet ihr finden; klopft an, dann wird euch geöffnet. Denn wer bittet, der empfängt; wer sucht, der findet; und wer anklopft, dem wird geöffnet. Oder ist unter euch ein Vater, der seinem Sohn eine Schlange gibt, wenn er um einen Fisch bittet, oder einen Skorpion, wenn er um ein Ei bittet? Wenn nun schon ihr, die ihr böse seid, euren Kindern gebt, was gut ist, wie viel mehr wird der Vater im Himmel den Heiligen Geist denen geben, die ihn bitten. (Lk 11,9–13)

Regelmässige Zeiten

Bleibt in mir, dann bleibe ich in euch. Wie die Rebe aus sich keine Frucht bringen kann, sondern nur, wenn sie am Weinstock bleibt, so könnt auch ihr keine Frucht bringen, wenn ihr nicht in mir bleibt. Ich bin der Weinstock, ihr seid die Reben. Wer in mir bleibt und in wem ich bleibe, der bringt reiche Frucht; denn getrennt von mir könnt ihr nichts vollbringen. (Joh 15,4–5)

In der Liebe wachsen

Liebe Brüder [und Schwestern], wir wollen einander lieben; denn die Liebe ist aus Gott, und jeder, der liebt, stammt von Gott und erkennt Gott. Wer nicht liebt, hat Gott nicht erkannt; denn Gott ist die Liebe. (1 Joh 4,7–8; Empfehlung: weiterlesen bis zum Ende des Kapitels 1 Joh 4)

Texte zum Weiterdenken

Zwei Literaturempfehlungen
Peng-Keller, Simon/Schmucki, Albert (Hg.): Aufbruchsfreude und Geistes-
gegenwart. Gestalten einer erneuerten christlichen Spiritualität, Zürich,
2007.

Peng-Keller, Simon: Geistbestimmtes Leben. Spiritualität, Zürich, 2012
(Reihe: Studiengang Theologie, Bd. XI).

Fragen zum Weiterdenken

Was ist mir in meinem Glauben besonders wichtig?
Worauf vertraue ich?
Woran hänge ich mein Herz?
Wie steht es in meinem Leben mit regelmässigen Zeiten des Gebets? Was
    fällt mir daran schwer, was hindert mich? Wo könnte ich solche Zeit-
    fenster konkret einrichten?
Habe ich einen Zugang zur Stille, zum Schweigen vor Gott?
Kann ich diejenigen, die ich in der Kirche dem «anderen Lager» zurechne,
    lieben – und sei es als meine Feinde?
An welchen konkreten Werken der Liebe zeigt sich, dass mein eigener
    Glaube lebendig ist?

5.2   Von oben nach unten oder umgekehrt?

Josef Bruhin

Wenn wir Katholiken über die Kirche reden, dann haben wir meist den Papst
und die Bischöfe im Visier, also die Universalkirche und die Diözese(n), weniger unsere eigene Kirche am Ort, die Pfarrei. Dafür gibt es viele Gründe, zwei
seien genannt. Einmal vermögen wir zurzeit kaum ein Wehen des Heiligen
Geistes von Rom oder den Diözesankurien her zu spüren, vielmehr hält uns

die Furcht gefangen, dass der Geist auch noch an der Basis, in den Gemeinden, ausgelöscht werde. Zum andern führte die Tatsache, dass im II. Vatikanischen Konzil die Pfarrei nicht auf der Traktandenliste stand, dazu, dass die wahre Bedeutung der Pfarrei im Bewusstsein der Gläubigen viel zu wenig präsent ist.

Im Vordergrund der Konzilsagenda stand die Diözese als Ortskirche. Es sollte ein Kontrapunkt zum I. Vatikanischen Konzil gesetzt werden, das bekanntlich mit dem universellen Jurisdiktionsprimat des Papstes (der Papst ist in Allem der oberste und unangefochtene Gesetzgeber) und dem Unfehlbarkeitsdogma die Bedeutung der Universalkirche massiv überzogen hatte. Die diözesane Teil- und Ortskirche sollte wieder ihren rechtmässigen Platz erhalten, genauso wie das Kollegium der Bischöfe mit und neben dem Papst. Dies ist das grosse Thema des dritten Kapitels der «Dogmatischen Konstitution über die Kirche» *Lumen Gentium*. Dennoch gibt es in diesem langen Text einen für uns bemerkenswerten späten Einschub, der die Ortskirche so beschreibt, dass darunter auch die Pfarrei verstanden werden kann und muss. Er hatte zum Anlass, dass in und ausserhalb der Konzilsaula beanstandet wurde, dass die ganze Kirchenkonstitution zu einseitig von der Gesamtkirche als solcher und deren Strukturen her argumentiere, also von oben nach unten. Dadurch werde das konkrete Leben der Kirche, dort wo es sich real vollzieht, nicht in den Blick genommen. Dies im Gegensatz zur Bibel, wo sowohl die Ortsgemeinde «Leib Christi» und wahre Kirche ist als auch die in Christus bestehende Einheit aller Ortskirchen, also ein integrierendes Miteinander gegeben ist. Darum formulierte das Konzil folgende korrigierende Sätze im ersten Abschnitt der Nr. 26 dieser Konstitution:

«Diese Kirche Christi ist wahrhaft in allen rechtmässigen Ortsgemeinschaften der Gläubigen anwesend, die in der Verbundenheit mit ihren Hirten im Neuen Testament auch selbst Kirchen heissen. Sie sind nämlich je an ihrem Ort, im Heiligen Geist und mit grosser Zuversicht (vgl. 1 Thess 1,5), das von Gott gerufene neue Volk. In ihnen werden durch die Verkündigung der Frohbotschaft Christi die Gläubigen versammelt, in ihnen wird das Mysterium des Herrenmahls begangen, ‹auf dass durch Speise und Blut des Herrn die ganze Bruderschaft verbunden werde› [...] In diesen Gemeinden, auch wenn sie oft klein und arm sind oder in der Diaspora leben, ist Christus gegenwärtig, durch dessen Kraft die eine, heilige, katholische und apostolische Kirche geeint wird. Denn ‹nichts anderes wirkt die Teilhabe an Leib und Blut Christi, als dass wir in das übergehen, was wir empfangen›.»

Wie in den Konzilstexten überhaupt verwendet auch dieser Einschub keine klar abgegrenzten Begriffe zwischen Bistum und Pfarrei. Auf die Pfarreien beziehen sich am ehesten Worte wie Ortsgemeinschaft der Gläubigen, örtliche Gemeinde, Ortsgemeinde, Altargemeinschaft, während die Diözesen eher mit Formulierungen wie Ortskirche, Einzelkirche, Lokal- oder Partikularkirche anvisiert sind. Es besteht kein Zweifel, dass der zitierte Text zumindest auch von den Pfarreien als Kirchen spricht, denn die Kirche baut sich nicht nur von oben her, sondern auch von unten her auf. In den Gemeinden wird das Wort Christi gepredigt und Eucharistie gefeiert, Christus wird in Wort und Sakrament zu unserem Heil gegenwärtig. Darum ist jede Pfarrei Kirche im wahren Sinn des Wortes. Sie macht an einem bestimmten Ort erfahrbar, was das Wesen der Kirche ist. Gemeinde ist Kirche am Ort – nicht weniger und nicht mehr. Was die Kirche insgesamt auszeichnet, nämlich «ein von Gott gerufenes Volk zu sein», gilt auch für die Kirche am Ort. Sie ist keine blosse Unterabteilung, die nur für bestimmte Aufgaben zuständig wäre.

Die Wortwahl des Konzils für die Teilkirche, sei diese nun ein Bistum oder eine Pfarrei, entspricht dem eben Gesagten genau. Es bezeichnet sie als *portio* und nicht als *pars*, wie es aber das neue Kirchenrecht von 1983 – wohl mit Bedacht – tut. Der Unterschied springt in die Augen: Eine «Portion» Kuchen ist wirklicher Kuchen, er hat an der Substanz des ganzen Kuchens teil. *Pars* hingegen meint einen Teil/Anteil des Kuchens, etwa Mehl, Eier, Zucker usw., was etwas völlig anderes ist. Wenn also das Kirchenrecht von 1983 im Unterschied zum Konzil von der Pfarrei als *pars* spricht, soll damit behauptet werden, nur die Universalkirche könne wirklich als Kirche bezeichnet werden, nicht aber die Lokalkirchen. Der verheerende zentralistische Leitungsstil ist eine direkte Folge eines solchen Kirchenverständnisses.

Die Pfarrei, die Ortgemeinde als wahre und ganze Kirche zu verstehen, entspricht aber auch ganz dem Verständnis und der Praxis des Apostels Paulus. Seine Briefe «adressiert» er «an die Gemeinde Gottes in Korinth», «an die Gemeinden in Galatien», «an die Gemeinde in Thessalonich», und den Römern schreibt er: «an alle in Rom, die von Gott geliebt und zu Heiligen berufen sind: Gnade sei mit euch und Friede von Gott, unserem Vater, und dem Herrn Jesus Christus» (Röm 1,7). Nach allem, was wir wissen, waren diese Gemeinden zahlenmässig nicht sehr gross. Es waren Ortskirchen, die in einem Saal eines grösseren Hauses eines reicheren Gemeindemitglieds Platz fanden, «Hauskirchen». Heute würde man von Klein-, wenn nicht Kleinst-Pfarreien sprechen. Dennoch waren sie, das geht aus der Wortwahl des Apostels unmissverständlich hervor, «Kirchen», Kirche der Heiligen Gottes am Ort.

Pfarrei ist Kirche am Ort. Das ist, so meine ich, etwas Grossartiges, das in unserem Denken und Handeln viel zu wenig präsent und wirksam ist. Wir können Christus nachfolgen und versuchen, sein Evangelium in unserem Leben Wirklichkeit werden zu lassen, ohne dass wir andauernd nach Rom oder nach Chur blicken müssen. «Wir sind Kirche!»

Texte zum Weiterdenken

Literaturempfehlung

Weber, Franz: Das Hirtenamt aller Christinnen und Christen. Erfahrungen im Gemeindeaufbruch der Weltkirche, in: *Weber, Franz/Böhm, Thomas/ Findl-Ludescher, Anna/Findl, Hubert (Hg.):* Im Glauben Mensch werden. Impulse für eine Pastoral, die zur Welt kommt. Festschrift für Hermann Stenger zum 80. Geburtstag, Münster 2000.

Fragen zum Weiterdenken

Ist sich unsere Pfarrei bewusst, «Kirche am Ort», «ein von Gott gerufenes Volk» zu sein? Wie könnten wir dieses Bewusstsein stärken?

Welche Folgerungen ziehen wir aus der Tatsache, dass unsere Pfarrei wirklich «Kirche am Ort» ist?

Gibt es einen ersten Schritt, den wir wagen wollen?

5.3 Solidarität und Subsidiarität – ein unverzichtbares Tandem: I

Daniel Kosch

Solidarität und Subsidiarität sind zwei Fremdwörter, die in Diskussionen rund um die Kirche, ihren Auftrag und ihre Organisation häufig verwendet werden, vielleicht manchmal ohne allzu klare Vorstellung, was sie genau bedeuten. Beide Begriffe haben in der Ethik, genauer in der kirchlichen Sozial-Ethik ihren festen Platz, kommen aber auch in gesellschaftspolitischen Diskussionen immer wieder vor. Um die Begriffe mit Leben zu füllen, greife ich auf zwei der in ihrer Präzision und Anschaulichkeit, ihrer Verbindung von Einfachheit und gedanklicher Genauigkeit unübertroffenen Lieder von Mani Matter zurück.

Solidarität oder «Dene wo's guet geit»

«Dene wos guet geit
Giengs besser
Giengs dene besser
Wos weniger guet geit
Was aber nid geit
Ohni dass's dene
Weniger guet geit
Wos guet geit

Drum geit weni
Für dass es dene
Besser geit
Wos weniger guet geit
Und drum geits o
Dene nid besser
Wos guet geit»[21]

Mit der Feststellung, dass es jenen, denen es gut geht, besser ginge, wenn es auch jenen besser ginge, denen es nicht so gut geht, macht der Berner Liedermacher darauf aufmerksam, dass Solidarität allen zugutekommt – und nicht nur jenen, die auf sie angewiesen sind. Zugleich hält er fest, dass Solidarität immer auch mit Verzicht zu tun hat: Das unmittelbare Eigeninteresse muss zurückgestellt werden – zugunsten der anderen, zugunsten des Ganzen. Und dies sei der Grund dafür, dass bezüglich der Praxis der Solidarität trotz der theoretischen Einsicht in ihre Notwendigkeit und ihren Nutzen oft wenig «geht», also (zu) wenig geschieht.

Kein Mangel an Anschauungsmaterial

An Anschauungsmaterial für diese Beobachtung mangelt es leider nicht: Obwohl längst klar ist, dass die Gegensätze zwischen Arm und Reich in unserer globalisierten Welt nicht nur mit unermesslichem Elend verbunden sind, sondern in Form weltweiter Migrationsbewegungen oder Verstärkung fundamentalistischer und terroristischer Tendenzen auch die wohlhabenden Länder betreffen, verhindern die Eigeninteressen der Reichen und Einflussreichen Veränderungen, die mehr globale Gerechtigkeit ermöglichen würden. Und

---

21 **«dene wos guet geit»** aus: *Mani Matter:* Us emene lääre Gygechaschte. Berndeutsche Chansons © 2011 Zytglogge Verlag Oberhofen a. Thunersee.

obwohl ebenfalls längst klar ist, dass die von Menschen verursachten ökologischen Veränderungen einerseits in Form von zunehmenden Stürmen, Überschwemmungen etc. die ohnehin schon Benachteiligten treffen, aber in Form des Klimawandels, des Verlustes schöner Naturlandschaften und gesundheitlicher Schäden auch auf uns zurückschlagen, fehlt es weiterum an der Bereitschaft, jenen Verzicht und solcherart Einschränkungen zu erbringen, die nötig wären, damit es allen besser ginge.

Was für die Welt gilt, gilt auch für unser eigenes Land, für die kleine Welt des Dorfes oder des Quartiers, in dem wir leben, für unsere Familien und Bekanntenkreise – und für die Kirche: «Wenn ein Glied leidet, so leiden alle Glieder mit» (1 Kor 2,26). Und zum unvermeidbaren körperlichen oder seelischen Leiden aufgrund von Krankheit, Verlust und Tod kommt das Wissen (bzw. das schlechte Ge-Wissen) hinzu, dass viele Wunden an Leib und Seele geheilt und viel Schmerz gelindert werden könnte, wenn Einzelne, Familien oder auch ganze Gruppen weniger alleingelassen würden mit ihrem Leiden, ihrem Schicksal, mit Arbeitslosigkeit, Sucht oder Trauer um ein verlorenes Kind oder eine zerbrochene Beziehung.

Fremdes Leid und mangelnde Solidarität behindern uns im Glauben

Nicht nur eigenes Leid, sondern ebenso das fremde Leid und die mangelnde Solidarität belasten und behindern uns auch in unserem Beten, unserem Glauben und Kirchesein: Wie unbeschwert Gott loben für die Schönheit der Schöpfung – im Wissen darum, dass wir wider besseres Wissen zu ihrer Zerstörung beitragen? Wie einander beim Friedensgruss die Hand reichen – angesichts von Lieblosigkeit und unausgetragenen Konflikten? Wie uns ermutigen lassen von den Heilungswundern Jesu – im Bewusstsein darum, dass schon vieles an Heilung möglich wäre, wenn wir uns als Einzelne und als Gesellschaft stärker einsetzen würden für die Armen, die Weinenden und die nach Leben und Liebe Hungernden? Wie uns freuen daran, dass wir Getaufte zu einem weltweiten Netzwerk der Schwestern und Brüder Jesu gehören, die alle zum gleichen Vater beten – angesichts des riesigen Gefälles zwischen unserer reichen und den vielen armen Kirchen in den Ländern des Südens?

Solidarität als Dienst an der Einheit der Kirche und als Sorge für die schwächsten Glieder

Bezogen auf die Kirche richtet das Solidaritätsprinzip den Blick auf die Einheit: Auf die Zugehörigkeit der Einzelnen zur Gemeinde oder Pfarrei, auf die Zusammengehörigkeit der Gemeinden und ihre gemeinsame Verantwortung für die kantonalkirchliche Ebene und fürs Bistum, auf die Zusammenarbeit der Landeskirchen und Bistümer für die katholische Kirche in der Schweiz, auf die Einbindung in die Weltkirche. Bei dieser Solidarität geht es auch – aber nicht nur – ums Geld. Es geht darum, dass man sich füreinander interessiert, dass man die Sorgen und Nöte der anderen kennt, dass man sich nicht darauf beschränkt, die eigenen Probleme zu lösen, sondern sich bewusst ist, dass viele Aufgaben in einer global vernetzten Welt nur gemeinsam gelöst werden können.

Kirche in der Schweiz –
«subsidiaritätsstark, aber solidaritätsschwach»?

Mit solcher Solidarität geht es – um nochmals Mani Matter zu zitieren – auch jenen besser, denen es gut geht. Das geht in unserer stark am Gemeinde-Prinzip orientierten Schweizer Kirche oft vergessen und trägt ihr den Vorwurf ein, «Kirchturmpolitik» ohne Weitsicht und ohne Rücksicht aufs Ganze zu betreiben. Die Kirche in der Schweiz sei – so formulierte es der ehemalige Bischof von Basel, Kardinal Kurt Koch – «subsidiaritätsstark, aber solidaritäts-schwach». Dieses kritische Wort ist berechtigt, vor allem wenn man die Ver-teilung der finanziellen Mittel bedenkt: Von 100 Franken Kirchensteuern bleiben in der Regel rund 85 Franken auf der Gemeindeebene, rund 10–15 Franken kommen der kantonalen Ebene zu, und nur 1–2 Franken stehen für die Bistümer und die schweizerischen Aufgaben der Kirche zur Verfügung. Aber die «Solidaritätsschwäche» ist nicht aufs Geld beschränkt: Auch bei der Gestaltung des kirchlichen Lebens und bei der Problembewältigung wären mehr Zusammenarbeit und Verantwortungsbewusstsein fürs Ganze auch im eigenen Interesse, auch wenn das für die einzelne Gemeinde seinen Preis hat – finanziell, aber auch in Form eines teilweisen Verzichts auf Selbstbestimmung. Die Gegenwehr mancher Pfarreien, Kirchgemeinden und Landeskirchen im Hinblick auf mehr finanzielle Solidarität und Selbstverantwortung erweckt manchmal den Eindruck, man handle nach dem Motto «Lieber einsam ster-ben als gemeinsam (über-)leben». Denn im Grunde wissen wir genau, dass manche Aufgaben – gerade in Zeiten schwindender personeller und finanziel-ler Ressourcen und wachsender Bedeutung des Überregionalen – nur noch gemeinsam gelöst werden können. Solidaritätsschwäche schadet also nicht nur dem Ganzen, sondern auch sich selbst. Statt das weniger werdende Brot zu teilen – und dabei vielleicht das Wunder der Brotvermehrung erleben zu können –, verteidigt jeder sein Stückchen, selbst auf die Gefahr hin, dass es noch weiter zerbröselt und niemanden mehr zu sättigen vermag.

 Fragen zum Weiterdenken

Zum Lied von Mani Matter
Was für Erfahrungen und Situationen *im eigenen Zuständigkeitsbereich* (z. B. Pfarrei und Kirchgemeinde, eigene Gremien und Seelsorgeteams,

Fragen zum Weiterdenken

aber auch in der Arbeitswelt, in der Familie, in der politischen Gemeinde) fallen uns ein, wenn wir das Lied hören?

Zum Stichwort Solidarität

Welche Beispiele gelebter Solidarität aus unserem eigenen (kirchlichen und nicht-kirchlichen) Umkreis fallen uns ein?

Wie könnten wir eine Kultur der Wertschätzung und der Anstiftung zu mehr kleinen und grossen Solidaritäten fördern?

Wo neigen wir dazu, den eigenen «Besitzstand» zu verteidigen, statt uns für mehr Zusammenarbeit zu öffnen – auch im eigenen Interesse?

Wie beurteilen wir die finanziellen Solidaritätsleistungen, die von uns für die kantonalkirchliche Organisation und (indirekt) fürs Bistum oder für die schweizerische Ebene (RKZ) erwartet werden? Wissen wir, was mit diesem Geld geschieht – oder kritisieren wir die Höhe der Beiträge, ohne uns ernsthaft zu informieren?

5.4 Solidarität und Subsidiarität – ein unverzichtbares Tandem: II

Daniel Kosch

Ging es im vorherigen Abschnitt vor allem um Solidarität und Solidaritätsschwäche, so liegt das Augenmerk in diesem Abschnitt auf dem Verhältnis zwischen Solidarität und Subsidiarität. Wiederum soll ein Lied von Mani Matter das schwierige Thema anschaulich machen.

Keine falschen Gegensätze

Die von Kardinal Kurt Koch geprägte Formulierung, die Schweizer Kirche sei «subsidiaritätsstark, aber solidaritätsschwach», könnte den falschen Eindruck erwecken, Subsidiarität und Solidarität bildeten einen Gegensatz. Zwar trifft

97

es zu, dass sie in einer gewissen Spannung zueinander stehen. Aber recht verstanden schliessen sie sich nicht aus: Geht es bei der Solidarität um die bedarfsgerechte Verteilung der Lasten und der verfügbaren Mittel, so geht es bei der Subsidiarität um die Verteilung von Zuständigkeiten und Verantwortung. Stark vereinfacht könnte man sagen: Geht es bei der Solidarität ums Geld, so geht es bei der Subsidiarität um die Macht. Das Subsidiaritätsprinzip besagt: Macht und Kompetenzen sollen so verteilt werden, dass auf oberer Ebene nur entschieden und gelöst wird, wozu die untere Ebene nicht in der Lage ist. Verantwortung soll also «ebenengerecht» verteilt werden.

Dass diesem Prinzip gerade im Hinblick auf die Frage der Solidarität eine grosse Bedeutung zukommt, hat seinen Grund darin, dass die Forderung nach mehr Solidarität einerseits missbraucht werden kann, um sich der Last der Eigenverantwortung zu entledigen, und anderseits auch dazu, Entscheidungen zu zentralisieren und Menschen oder Gruppen zu entmündigen. Statt dass die «obere Ebene» nur subsidiär, d. h. helfend und unterstützend dort eingreift, wo die «untere Ebene», also z. B. eine Gemeinde, eine Gruppe oder eine Einzelperson überfordert ist und der Solidarität bedarf, regelt sie dann – im Namen des Gemeinwohls oder falsch verstandener Gerechtigkeit – alles für alle.

Bilden Subsidiarität und Solidarität aber ein gut ausgewogenes «Tandem», begrenzen und ergänzen sie sich gegenseitig. Ein subsidiaritätsstarkes Gemeinwesen fördert und fordert die Eigenverantwortung auf unterer Ebene – und verhindert damit, dass «Trittbrettfahrer» sich die damit verbundene Last ersparen, aber auch, dass sich aus dem Dienst am Gemeinwohl entmündigende Machtstrukturen entwickeln. Und das Solidaritätsprinzip sorgt gleichzeitig dafür, dass jene Teile des Gemeinwesens – seien es Einzelne oder Gruppen – mit ihrer Verantwortung und ihren Lasten nicht alleingelassen werden, wo sie überfordert und in Gefahr sind, unter die Räder zu kommen.

Subsidiarität in der Kirche oder: «Dr Hansjakobli u ds Babettli»

Im Hinblick auf die Kirche kann wieder ein Lied von Mani Matter uns helfen, diese reichlich abstrakten Überlegungen zum Subsidiaritätsprinzip konkreter und fassbarer zu machen:

«Dr Hansjakobli u ds Babettli
hei mit em Chuchitaburettli

es Spieli zäme gschpilt zum göisse
‹he he Frou Meier› het das gheisse

Da isch zum Bischpiel zersch ds Babettli
druf gchlätteret uf ds Taburettli
u Hansjakobli wo süsch zaaget
isch tifig tifig drunder gschnaaget

Ganz lut het obehär ds Babettli
jitz gschtampfet uf das Taburettli
bis dass dr Hansjakobli dopplet
so lut het undenufe topplet.

U grüeft: ‹he he Frou Meier machet
doch nid so Krach!› – da hei sie glachet
u er isch obe gsi äs unde
u ds Spiel het disewäg stattgfunde

Vowägge grad so i däm Spieli
wie zgrächtem – Bischpiel git es vieli –
isch jede daderfür wird gchrampfet
gärn dä wo obenabe schtampfet

Es isch nid jede wie ds Babettli
so harmlos uf sim Taburettli
drum luegit dass wie Hansjakobli
geng einen undenufe toppli

I wett fasch säge: ‹D'Wält wär freier
we meh würd grüeft: He he Frou Meier!›»[22]

Dieses Kinderspiel, auf das sich auch Erwachsene einlassen sollen, weil Mani Matter ihm zutraut, «die Welt freier zu machen», basiert auf dem Prinzip, dass es keine feste Rollenverteilung zwischen «oben» und «unten» geben sollte. In die Kirchensprache übersetzt: Vor jeglichen Unterschieden in der Aufgabe

---

22 **«dr hansjakobli u ds babettli»** aus: *Mani Matter:* Us emene lääre Gygechaschte. Berndeutsche Chansons © 2011 Zytglogge Verlag Oberhofen a. Thunersee.

oder im kirchlichen Amt sind alle «Schwestern und Brüder» – und das ginge
weniger vergessen, wenn die Rollen nicht «lebenslänglich» verteilt würden,
sondern jene, die «oben» waren, auch wieder nach «unten» müssen und jene,
die «unten» sind, auch die Chance haben, mal «auf dem Taburettli» stehen
oder sitzen zu dürfen. Zudem erinnert das Lied daran, dass dieser Wechsel
nicht automatisch erfolgt, sondern – realistisch gesehen – erfordert, dass jene,
die «unten» sind, kräftig an die Decke klopfen, um auf sich aufmerksam zu
machen und ihre Mitwirkungsrechte einzufordern. Denn so «harmlos» sind
nicht alle, dass sie wie «ds Babettli» (kaum zufällig das Mädchen!) freiwillig

und lachend auf ihre Position verzichten und zum Rollentausch bereit sind,
wenn sie «oben» angelangt sind.

Kritische Rückfragen an die Kirchenstruktur

Wie gross die Differenz zwischen der kirchlichen bzw. kirchenrechtlichen
Wirklichkeit und Mani Matters Lied ist, braucht jenen, die mit der Situation
vertraut sind, kaum näher erklärt zu werden: Mit den Möglichkeiten zum
«Rollentausch» ist es nicht gerade weit her. Viele, die «oben» sind, verteidigen
ihre sakramentale und jurisdiktionelle «Gewalt» umso verbissener und humor-
loser, je schwächer ihr realer Einfluss wird. Und nach jahrzehntelangem ver-

geblichen «undenufe toppli» (an die Decke klopfen) mit Synodenbeschlüssen, Petitionen, Manifesten und anderen Aktionen sind auch die «Klopfzeichen» der kirchlichen Basis schwächer geworden. Viele haben die Freude an diesem (Trauer-)Spiel verloren und sich anderem zugewandt. Zwar hält das demokratische staatskirchenrechtliche System das Subsidiaritätsprinzip nach wie vor hoch, aber insgesamt ist die katholische Kirche leider weniger «subsidiaritätsstark», als Kurt Koch das annimmt.

Zudem drängt sich der Verdacht auf, dass auch die diagnostizierte Solidaritätsschwäche mit diesem Mangel an Subsidiarität zu tun hat. Mehr Mitsprecherecht, mehr Gleichberechtigung und Geschwisterlichkeit, mehr Möglichkeiten zur Veränderung von Rollenmustern könnten die Angst verringern, die finanziellen Mittel zusammenzulegen und auf ein Stück Finanz-, Kirchgemeinde- oder Kantonsautonomie zu verzichten. Denn man müsste dann nicht mehr befürchten, mit dem Verzicht auf Selbstbestimmung über jeden Franken und mit der stärkeren Einbindung in grössere und stärkere Netzwerke würden die letzten verbliebenen Mitgestaltungsmöglichkeiten preisgegeben.

Wie «geits besser» und wie werden die Welt und die Kirche «freier»?

Die kirchliche Grosswetterlage wie das Mikroklima in Pfarreien und Gemeinden sind zweifellos von so vielen Faktoren abhängig, dass nicht einfache Rezepte alle Probleme lösen würden. Gäbe es diese einfachen Lösungen – wir hätten sie längst umgesetzt. Das weiss auch Mani Matter, dessen Lieder bei allem Charme und Witz einen melancholischen und nachdenklichen Unterton haben. Dass «weni geit» (wenig geschieht), damit es allen besser geht und die Welt freier wird, hat seine Gründe – nicht zuletzt bei jenen, die etwas zu verlieren haben und «solidaritätsschwach» ihr Geld oder «subsidiaritätsschwach» ihre Macht verteidigen, weil sie Angst haben loszulassen, zu verlieren und am Ende des Spiels «unten» zu landen und zu bleiben.

Trotzdem geben die beiden Lieder – im Licht des biblischen Erbes gehört – den einen oder anderen ermutigenden Impuls für jene, die sich weder mit der Solidaritäts- noch mit der Subsidiaritätsschwäche der Kirche abfinden mögen:

– «Wer loslässt, hat die Hände frei», und gelebte Solidarität leistet auch und gerade dann einen Beitrag dazu, dass es allen besser geht, wenn sie ohne die Erwartung oder Zusage einer Gegenleistung erbracht wird. Frei und selbstbestimmt sind nicht jene, die darauf warten, bis auch «alle anderen» mitmachen oder bis man gezwungen wird, solidarisch zu sein, sondern jene, die selbst und auf eigenes Risiko den ersten Schritt hin zu mehr Solidarität tun – weil das letztlich allen, auch einem selbst zugutekommt.

– Ohne jene, die «undenufe toppli», geht nichts. Wer darauf wartet, dass die «Selbstverantwortung» von «oben» kommt, bestätigt letztlich, dass «alles Gute von oben kommen» muss. Dem Subsidiaritätsprinzip hingegen entspricht ein Handeln, das die eigenen Gestaltungsräume ausnutzt – und im Wissen um die eigene Mit-Verantwortung ohne falsche Scheu für mehr Mitspracherechte eintritt.

 Fragen zum Weiterdenken

Zum Lied von Mani Matter

Was für Erfahrungen und Situationen *im eigenen Zuständigkeitsbereich* (z. B. Pfarrei und Kirchgemeinde, eigene Gremien und Seelsorgeteams, aber auch in der Arbeitswelt, in der Familie, in der politischen Gemeinde) fallen uns ein, wenn wir das Lied hören?

Zum Stichwort Subsidiarität

Wie steht es um das Subsidiaritätsprinzip in unserem eigenen Umfeld?

Welche kirchlichen oder gesellschaftlichen Initiativen mutigen Einstehens für mehr Eigenverantwortung der Ortsgemeinden oder der Laien kennen wir – und wie unterstützen wir sie in Wort und Tat?

Gäbe es Aufgaben und Entscheidungen, die einer «unteren» Ebene überlassen und zugemutet werden könnten – statt dass der Pfarrer, die Gemeindeleiterin oder auch die Kirchenpflege alles an sich zieht, um gleichzeitig über Überlastung zu klagen?

Wie subsidiär nehmen wir eigene Leitungsaufgaben wahr als Eltern, Vorgesetzte, Lehrpersonen, Behördenmitglieder, kirchliche Mitarbeitende? Wo neigen wir dazu, unnötig zu kontrollieren und etwas an uns zu ziehen?

Wo schränkt uns die «kirchliche Obrigkeit» wirklich ein in der Gestaltung unseres kirchlichen Lebens – und wo sind es wir selbst, die vor der Übernahme von Verantwortung und vor allenfalls damit verbundenen kritischen Rückfragen zurückschrecken?

5.5 Geschwisterliche Kirche an meinem Ort

Judith Könemann

Im Jahr 1981 veröffentlichten die deutschen Bischöfe im Nachgang der Würzburger Synode (1971–1975) die Verlautbarung «Zu Fragen der Stellung der Frau in Kirche und Gesellschaft»[23], die die Vision einer geschwisterlichen Kirche mit Blick auf die Gleichheit und Gleichberechtigung der Geschlechter formulierte. So lehnt das Dokument jede gesellschaftliche wie innerkirchliche Diskriminierung ab und fordert demgegenüber die vollständige Gleichheit und Gleichberechtigung von Frauen und Männern, womit auch der Zugang zu den Diensten und Ämtern mindestens des Diakonats (für Frauen) gemeint ist, dessen Diskussion das Papier anmahnt. Die Vision in diesem Dokument geht so weit, dass gefordert wird, die Kirche müsse und solle ein gleichberechtigtes Miteinander nicht nur im Inneren leben, sondern darin sogar Modell für die Gesellschaft sein. Von der Verwirklichung dieser Forderungen und gar von einem Modellcharakter ist die Kirche dreissig Jahre später nach wie vor weit entfernt. Proportional zur Entfernung steigt jedoch die Notwendigkeit der Verwirklichung einer geschwisterlichen Kirche, mindestens einer Kirche, die ihrem Selbstanspruch, «katholisch», nämlich allumfassend zu sein, gerecht werden und nicht zu einer kleinen Herde (der Reinen und Gerechten) schrumpfen will. Die Vision einer geschwisterlichen Kirche ist die Vision einer Kirche, in der Frauen und Männer nicht mehr nur gleich und mit gleicher Würde ausgestattet sind, sondern auch gleichberechtigt anerkannt sind. Geschwisterlichkeit ist aber auch die Vision einer Kirche, in der vielleicht zwischen einem gemeinsamen und besonderen Priestertum unterschieden wird, dieses und die damit einhergehenden Rollen jedoch nicht mehr mit Wertigkeiten eines «mehr wert» und eines «weniger wert» belegt werden; und Geschwisterlichkeit ist die Vision einer Ökumene, die nicht mehr trennt, sondern das Gemeinsame leben lässt.

---

23 *Sekretariat der Deutschen Bischofskonferenz (Hg.):* Zu Fragen der Stellung der Frau in Kirche und Gesellschaft (Die Deutschen Bischöfe. Erklärungen und Hirtenschreiben Nr. 30) Bonn 21.9.1981, online unter www.dbk.de > Veröffentlichungen > Die deutschen Bischöfe > Hirtenschreiben und Erklärungen.

In einer geschwisterlichen Kirche ist Gemeinde dort, wo zwei oder drei in ihren Möglichkeiten Leben und Glauben miteinander teilen, ihre Charismen einbringen können und letztlich alle am Aufbau des Reiches Gottes mitarbeiten.[24] Ein solches Tun setzt jedoch Verantwortung und Beteiligung voraus. Sich an etwas zu beteiligen und mit dem ganzen Herzen dabeizusein setzt aber Vertrauen voraus, Vertrauen letztlich darin, dass der andere es gut mit mir meint und in mir und dem, was mich ausmacht, etwas Wertvolles sieht. Vertrauen, den anderen Menschen in seiner Würde achten und ernst nehmen und Beteiligung liegen eng zusammen: Wenn ich die anderen achte und in ihnen Wertvolles entdecke, dann werde ich sie an wichtigen Prozessen beteiligen. Genau dies verwirklicht sich in einer geschwisterlichen Kirche. Dabei ist Beteiligung nicht «Mithelfen» oder «Unterstützen», vielmehr ist Beteiligung die Übertragung von Verantwortung für Liturgie, für Verkündigung, für Diakonie und meint die Möglichkeit und die Fähigkeit zu selbstständigem verantwortetem Handeln im übertragenen Bereich qua dessen, was das II. Vatikanische Konzil «gemeinsames Priestertum aller Gläubigen» nennt. Beteiligung und Verantwortung im Sinne einer geschwisterlichen Kirche muss es jedoch nicht deshalb geben, um beispielsweise die Pfarrei besser organisieren zu können oder um auf diese Weise z. B. den Pfarrer zu entlasten, sondern weil erst die verschiedenen Charismen inklusive des Charismas der Berufung zum Priesteramt zu einem «Ganzen» führen, weil Menschen im Glauben gerufen sind, in ihren Lebenssituationen und an ihren Lebensorten das Evangelium präsent werden zu lassen. Diesen durch das gemeinsame Priestertum aller Gläubigen gegebenen Anspruch zu unterschreiten, hiesse die durch dieses Priestertum selbst gegebene Autorität der Gläubigen zu unterschreiten und damit die Vision einer geschwisterlichen Kirche. Um eine solche Beteiligung zu verwirklichen, bedarf es zum einen der Möglichkeit, als Gläubige selbständig und eigenverantwortlich handeln zu können, und zum anderen entsprechender Beauftragungen für die Grunddienste in der Kirche, Liturgie, Verkündigung und Diakonie. Mit Blick auf Pfarrei und Gemeinde erfordert die Vision einer geschwisterlichen Kirche jedoch auch eine Veränderung im Rollenverständnis der hauptamtlichen Mitarbeiterinnen und Mitarbeiter.

---

24 Ausführlicher verfolgen diese Gedanken *Feiter, Reinhard/Könemann, Judith:* Gemeinden als Orte lebendiger Gemeinschaft im Glauben, in: *Heimbach-Steins, Marianne/ Kruip, Gerhard/Wendel, Saskia (Hg.):* «Kirche 2011: Ein notwendiger Aufbruch». Argumente zum Memorandum, Freiburg i. Br. 2011, 167–177.

Geschwisterliche Kirche bedeutet, dass Priester und Diakone ebenso wie Pastoralassistentinnen und -assistenten ihren Dienst so ausüben, dass andere in dem, was sie selbst können, nicht eingeschränkt oder gar ersetzt werden. Pastoraler Dienst wird so zunehmend Dienst an anderen Diensten und hat die Aufgabe der Ermöglichung, er ist aber letztlich auch «nur» die Verwirklichung eines spezifischen Charismas.

Eine geschwisterliche Kirche wird zudem eine barmherzige und menschenfreundliche Kirche sein und eine Kirche, die intern das einlöst, was sie nach aussen hin vertritt und fordert. So kann die geschwisterliche Kirche nur eine diakonisch-solidarische Kirche sein, die sich immer auch als Anwältin derer versteht, die der Anwaltschaft bedürfen, und für deren Rechte eintritt, so wie sich dies bereits in der Hinwendung Jesu zu den Benachteiligten und Ärmsten dokumentiert, für die er eine besondere Vorliebe hat. Auch wenn das II. Vatikanische Konzil nicht explizit die Option für die Armen formulierte, verweisen doch *Lumen Gentium* I,8 und *Gaudium et spes* 4 entschieden auf die notwendig diakonische und solidarische Ausrichtung der Kirche. Als diakonische Kirche ist sie auch geschwisterliche Kirche, indem sie die Vielfalt derer, die diese Kirche ausmachen und sind, sowie die vielfältigen unterschiedlichen Kontexte, in denen sich diese Kirche realisiert, positiv anerkennt und wertzuschätzen weiss. Eine geschwisterliche Kirche wird in dieser Vielfalt der Realisierungen des Lebens und des Kirche-Seins eine Bereicherung entdecken und keine Bedrohung der Einheit sehen, denn geschwisterliche Kirche impliziert die in Einheit verbundene Unterschiedlichkeit.

Fragen zum Weiterdenken

Wie erlebe ich das Verhältnis von Männern und Frauen in meiner Pfarrei? Der/die andere in meiner Pfarrei – meine Schwester, mein Bruder? Die Gemeindeleiterin – meine Schwester? Der Pfarrer – mein Bruder? Stimmt dieses Bild? Wenn ja, warum, wenn nein, warum nicht?

5.6 Jesus Christus in meinem Nachbarn

Daniel Kosch

Wer in kirchlichen Milieus daheim ist, kennt die Redewendungen: «Die Kirche müsste …», «Man sollte eben …», «Vielleicht begreifen die in Rom eines Tages …» Und dann folgen Reformpostulate für eine zeitgemässe und menschennahe Kirche, die stärker von Jesus und vom Evangelium her geprägt ist und weniger von Kirchenrecht und klerikalen Machtstrukturen. Viele dieser Wünsche sind berechtigt – und dass sie nicht verstummen, lässt darauf schliessen, dass es einen echten Veränderungsbedarf gibt. Trotzdem bleiben die Reformdebatten oft etwas blutleer – vielleicht deshalb, weil sie zu viel von Strukturreformen erwarten.

Der Schriftsteller Bertold Brecht, der darum wusste, wie verheerend sich ungerechte Strukturen auf das Leben der kleinen Leute auswirken, weil sie die Reichen und Einflussreichen bevorzugen, hatte oberhalb seines Schreibtisches einen Karton aufgehängt mit dem Satz «Die Wahrheit ist konkret». Er sollte ihn daran erinnern, die Realität in ihrer banalen Alltäglichkeit nicht aus den Augen zu verlieren: Erst wenn die Hungrigen satt, die politischen Gefangenen freigelassen, die Kranken medizinisch versorgt und die Trauernden getröstet werden – erst dann wird die Not und die Ungerechtigkeit kleiner und das Leben lebenswerter. Die klassenlose Gesellschaft oder den Sozialismus mit menschlichem Antlitz auszurufen allein genügt nicht.

Jesus von Nazaret dachte und handelte ähnlich. Auch ihm lag an konkreten, leibhaftigen Wahrheiten. In seinem Alltag und seinen Geschichten spielen Brot und gelähmte Hände, gebückte Frauen und taube Ohren, Fische und verlorene Münzen, gescheiterte und an den Rand gedrängte Existenzen eine entscheidende Rolle. Im Zentrum stehen weder Wahrheiten noch Strukturen, sondern steht der Mensch. Jene, denen Jesus heilend die Hand auflegte, die in der Begegnung mit ihm Vergebung erfuhren und mit denen er Brot und Wein teilte, bekannten: In ihm haben wir Gott erfahren. Und seine Jüngerinnen und Jünger lehrte er: «Was ihr dem Geringsten getan habt, das habt ihr mir getan.»

Auf die Frage «Wo können wir heute Jesus Christus begegnen und etwas von Gott und seiner Nähe erfahren?», gibt das Evangelium eine auf den ersten Blick einfache Antwort: Im Menschen. Schon schwieriger wird diese Antwort, wenn wir sie konkretisieren und daraus den Schluss ziehen, dass es nicht nur un-menschlich, sondern gott-los ist, wenn wir achtlos an Notleidenden vorübergehen, statt zu helfen, zu heilen und zu teilen, soweit es uns möglich ist. Und nochmals schwieriger wird sie, wenn wir uns klar machen, dass nicht nur der helfende Mensch (und wir als Helferinnen und Helfer) die Gegenwart Gottes in Jesus Christus verkörpert, sondern jeder Mensch.

In der Verknüpfung der Wahrheit des Evangeliums (In jedem Menschen, ob gut oder böse, gerecht oder ungerecht, aufrecht oder gebrochen, können wir die Gegenwart Gottes in Jesus Christus erfahren.) mit dem Satz von Bertold Brecht («Die Wahrheit ist konkret») liegt eine ungeheure Provokation – für unser Gottesbild und unser Kirchesein.

– Die mühsame Nachbarin, die mir das Leben schwer macht,

– der Arbeitskollege, der befördert wurde, obwohl eigentlich ich es verdient hätte,

– der Jungpriester, der mir mit seinem klerikalen Getue auf die Nerven geht,

– die Schülerin, die mich mit ihrem provokativ gelangweilten Verhalten zur Weissglut treibt,

– die kleinkriminellen Asylanten, die sämtliche Lücken in der Gesetzgebung ausnutzen und von denen ich mich nachts im Bahnhof bedroht fühle,

– die depressive und hinfällige Tante, die immer zur unmöglichsten Zeit anruft, um mir ihr Leid zu klagen:

In all diesen Menschen gilt es, Jesus Christus zu entdecken – und nicht in mir, dem «gütig zuhörenden», «hilfsbereiten» und «toleranten» Christen oder in der diakonisch handelnden Kirche.

Oft ist heute davon die Rede, dass es gelte, «den Glauben ins Spiel zu bringen», eine «missionarische Pastoral» zu entwickeln, «Geh-hin-Kirche» zu werden, uns an einer «neuen Evangelisierung» zu beteiligen. Allzu schnell denken wir dabei an den Auftrag, das Evangelium in Wort und Tat zu bezeugen. Das ist zwar eine wichtige Aufgabe und eine grosse Herausforderung. Aber das Evangelium legt uns einen Perspektivenwechsel nahe: Es geht nicht in erster Linie darum «Gott in die Welt zu bringen», sondern Gottes Gegenwart in meiner Welt und damit auch Kirche dort zu entdecken, wo ich meinen – je verschiedenen, aber stets konkreten – Mitmenschen begegne.

Fragen zum Weiterdenken

Für mich als Christin, als Christ mitten im Alltag der Welt von heute

Bei welchen Begegnungen habe ich etwas von dem erfahren, dass Jesus Christus mir im Nächsten begegnet – auch ausserhalb der Kirche? In welchen Situationen bereitet mir dieser Gedanke Schwierigkeiten?

Für uns als kirchliche Gruppierung oder als Pfarrei

Was könnte es heissen, in unserer alltäglichen und konkreten Umgebung auf Menschen und Begegnungen aufmerksam zu werden, in denen wir Spuren der Gegenwart Gottes mitten unter uns Menschen entdecken? Wie können wir uns bei dieser Spurensuche gegenseitig unterstützen? Wie können wir solche Erfahrungen für unser Kirchesein fruchtbar machen? Wie können wir in solchen Begegnungen «den Glauben ins Spiel bringen» – nicht nur den eigenen, sondern auch jenen, den wir bei unseren Nächsten entdecken?

Für unsere kirchenpolitischen Diskussionen

Wie verlaufen sie, wenn wir auch jenen, die unsere Sicht nicht teilen, zutrauen, dass es ihnen um das Evangelium und um die Treue zum Gott Jesu geht, und nicht bloss um «Machterhalt» oder darum, die Kirche «nach den eigenen Vorstellungen umzuwandeln»? Was, wenn wir versuchen, auch in ihren Gesichtern die Züge Jesu von Nazaret zu entdecken?

5.7 Überschaubarkeit – ein Schlüssel zum Leben als Kirche

Judith Könemann

«Für die alten Menschen wird es jetzt schwierig, in die Sonntagsmesse zu kommen.» – «Ich weiss überhaupt nicht mehr, zu welcher Pfarrei ich genau gehöre, das ist alles zu gross geworden.» – «Den Priester kenne ich kaum, er kommt nur ab und zu, um Messe zu halten.» – «Wir haben jetzt einen ausländischen Priester, der den Pfarrer in der Seelsorge unterstützt. Er gibt sich zwar alle Mühe, aber man versteht ihn schlecht, und er hat ein völlig anderes Verständnis von Pfarreileben, von Kirche, von Beteiligung aller Gemeindemitglieder. Kurz: Er versteht uns nicht wirklich, und wir verstehen ihn nicht wirklich.» Solche Einschätzungen sind häufig von Katholiken zu hören, die einer zu einer grossen Seelsorgeeinheit fusionierten Gemeinde angehören. Sie erleben diese Strukturreform nicht als Chance zu mehr Beteiligung der Gemeinden, als Schritt weg von einer versorgten zu einer selbst sorgenden Gemeinde, sondern als Verlust an Überschaubarkeit, an Beziehung. Sie können nicht nachvollziehen, dass man lieber bewährte Gemeindestrukturen und damit die Überschaubarkeit der Gemeinden vor Ort abschafft, statt das eigentliche Problem anzugehen: den Priestermangel. Und solange das Verhältnis von Priestern und Laien und die damit verknüpfte Frage der Beteiligung der Laien an Gemeindeleitung, Seelsorge und an Entscheidungen, die das Gemeindeleben betreffen, nicht grundlegend neu bestimmt ist, solange der Priester als derjenige gilt, der für alles zuständig ist, wird sich an dieser Einschätzung auch nicht viel ändern.

Priestermangel: Gegenmassnahmen

Beziehung ermöglicht Beteiligung

Überschaubarkeit – das ist zwar kein theologischer Begriff, aber dennoch etwas, was für die konkrete Glaubenspraxis, das konkrete Leben der Christinnen und Christen in den Gemeinden zentral ist. Denn der christliche Glaube wird nicht nur im stillen Kämmerlein gelebt, ist keine rein individuelle Angelegenheit zwischen dem einzelnen Gläubigen und dem Gott, dem er sich in seinem Glauben zuwendet und öffnet, sondern der Glaube ist auf Gemeinschaft hin angelegt, auf Beziehung zu anderen, die diesen Glauben teilen und gemeinsam leben und feiern. Diese Gemeinschaft, die Kirche, ist aber keine abstrakte Grösse. Sie vollzieht sich in überschaubaren personalen Bezügen einer Gemeinschaft von Glaubenden vor Ort, in Gemeinden also. Diese Überschaubarkeit muss nicht identisch sein mit der klassischen Territorialpfarrei oder Ortsgemeinde, auch andere Zusammenschlüsse von Christinnen und Christen können in diesem Sinne «Gemeinde vor Ort» sein. Entscheidend ist hier aber eben die Überschaubarkeit, die Beziehung untereinander, die überhaupt erst Beteiligung ermöglicht. Wo diese Überschaubarkeit fehlt, wie etwa in pastoralen Grossräumen, kann der Weg von der versorgten zur sorgenden Gemeinde nicht wirklich gelingen, weil die personale Beziehung, die Gemeinschaft stiftet, und damit auch die Beteiligung aller Gemeindemitglieder nicht wirklich gelebt werden kann.[25]

Hinzu kommt, dass das Fehlen von Überschaubarkeit genau besehen dem jesuanischen Zeugnis nicht entspricht. Denn es ist ja gerade das Kennzeichen der Verkündigung Jesu gewesen, dass er nicht abstrakt und distanziert von Gott gesprochen hat, sondern dass er zu den einzelnen Menschen in Beziehung getreten ist und dass er selbst in einer überschaubaren Gemeinschaft mit denen gelebt und geglaubt hat, die ihm und seiner Botschaft vom Reich Gottes nachgefolgt sind. Wenn sich die Kirche auf das biblische Zeugnis beruft, dann kann sie nicht anders als sich auf dieses Zeugnis der Nachfolgegemeinschaft Jesu zu beziehen und dieses Zeugnis ernst zu nehmen, wenn es um die Gestalt der eigenen Gemeindestrukturen geht. Pastorale Grossräume, in denen es an Überschaubarkeit, und das heisst: an personaler Beziehung der Glaubenden untereinander, fehlt, haben mit der Nachfolgegemeinschaft Jesu kaum etwas gemeinsam.

---

25 Vgl. *Böhnke, Michael/Schüller, Thomas:* Zeitgemäße Nähe. Evaluation von Modellen pfarrgemeindlicher Pastoral nach c. 517 § 2 CIC, Würzburg 2011 (Studien zur Theologie und Praxis der Seelsorge 84), 224–229.

Was für die Gemeinden gilt, das gilt aber auch für die Ortskirchen im Verhältnis zur Weltkirche. Überschaubarkeit bedeutet hier: Entscheidungen, die
die Ortskirche betreffen, sollen dem Subsidiaritätsprinzip entsprechend auch
«vor Ort» getroffen werden können und von denen, die sie betreffen, nicht
aber in einer fernen «Zentrale», die alles für alle entscheidet.[26] Dafür braucht
es das Gespür für regionale Unterschiede in der einen Weltkirche, die in
bestimmten Fragen auch regionale Lösungen erforderlich machen. Andern-

---

26 Vgl. *Schüller, Thomas:* Kirchliche Rechtskultur, in: *Heimbach-Steins, Marianne/Kruip,
Gerhard/Wendel, Saskia (Hg.):* «Kirche 2011: Ein notwendiger Aufbruch». Argumente
zum Memorandum, Freiburg i. Br. 2011.

falls schwindet der personale Bezug der Gläubigen zu ihrer Kirche mehr und mehr, weil sie nicht mehr vor Ort erfahren und erlebt werden kann, weil sie zu einer anonymen und abstrakten Grösse geworden ist.

Fragen zum Weiterdenken

Wie kann es uns vor Ort angesichts der gegenwärtigen pastoralen Situation gelingen, trotz gegenläufiger Entscheide der Kirchenleitung mehr Überschaubarkeit zu realisieren?

Welche Strukturen können wir selbst schaffen, und welche Dienste sind nötig, die Gläubige zu übernehmen bereit sind, um eine solche Überschaubarkeit im eigenen Nahbereich realisieren zu können?

5.8 Orte der Menschen – Orte der Kirche

Leo Karrer

In kurzer Zeit ein weiter Weg: Ortskirche

Wer Kirche sagt, verbindet damit im Alltag nicht nur das Gebäude Kirche mit ihrem Turm, sondern Pfarrei, Dekanat und Bistum und neuerdings Pfarrverband oder Seelsorgeräume und natürlich Rom. Es gibt wohl kaum eine internationale Organisation, die bis in die territoriale (Pfarrei-)Struktur hinein so weltweit vernetzt ist wie die Katholische Kirche. Und durch die modernen Medien «gastiert» der Papst öfter in unseren Wohnstuben als der «Ortspfarrer».

Bis vor wenigen Jahrzehnten empfand man die Pfarrei gleichsam als unterste Agentur des weltkirchlichen Verbandes. Aber das letzte Konzil (1962–1965) entdeckte wieder neu, dass die Pfarrei nicht nur ein quantitativer Ortsteil der Kirche ist, sondern ihr qualitativer Ort, insofern dort christlicher Lebensvollzug geschieht und sich ereignet. Dieses dynamische Bild von Kirche am Ort war Realitätsgewinn: Beteiligung und Aktivierung der Laien, Aufbruch der Frauen (feministische Theologie), Öffnung auf gesellschaftliche Fragen hin im Sinne der Befreiungstheologie und der basisgemeindlichen Initiativen, Betonung der Diakonie (Caritas) nebst Verkündigung und Liturgie für das Pfarreiverständnis als Gemeinschaft usw. (In Abschnitt 5.2 kann man mehr nachlesen über die Wiederentdeckung der Pfarrei als Ortskirche.)

Inzwischen hat sich die erste Euphorie des Aufbruchs der Ortskirchen gelegt. Nicht zuletzt gesellschaftliche Prozesse haben zu einer praktischen und emotionalen Kirchendistanz vieler Kirchenmitglieder geführt. Zudem hat sich die ursprüngliche Naherwartung auf eine tiefere Kirchenreform massiv verzögert, was zur innerkirchlichen Verdrossenheit und zu Spannungen zwischen konservativen und kritischen Lagern geführt hat. Leicht wird übersehen, was sich trotz diesen Trends an vielen Orten auch entwickelt hat und im kirchenrechtlichen System Entfaltungsfreiheit beansprucht.

Orte der Kirche: nicht nur Ortskirche (Pfarrei)

Bei aller Bedeutung der Pfarrei als «Ortskirche» muss man sich davor hüten, sie gedanklich zu verabsolutieren. Kein kirchlicher Ort oder Platz ist die ganze Kirche. Die qualitativ ganze Kirche ist ohnehin nur dort zu suchen, wo Kirche bzw. Christsein gelebt und vollzogen wird. Und dieses Verständnis weist radikal über alle kirchlichen Raumordnungen hinaus hin auf den existenziellen Vollzug des Glaubens aus der Hoffnung heraus, die Jesus von Nazaret uns eröffnet hat. – In diesem Horizont sind nicht nur die lokalen und regionalen Strukturen der Kirche zu sehen, sondern z. B. auch Orden und Klöster, Verbände und Vereine, Jungwacht/Blauring, Bewegungen, Missionen bzw. Gemeinden für Fremdsprachige usw. Die Sozialformen haben sich stark nuanciert. Man denke an Bahnhofs- und Flughafenkirchen, Kirchen in Einkaufszentren (z. B. Sihl-City-Kirche in Zürich), Hilfswerke, ökumenische Zusammenarbeit, Religionsunterricht, Bildungs- und Erwachsenenbildungsinstitutionen (z. B. theologiekurse.ch), aber auch an das, was in der Literatur Spezial- oder Kategorialseelsorge genannt wird: Spital-Seelsorge, Seelsorge in Heimen und Strafanstalten, Aids-Seelsorge, Pfarrämter für Industrie und Wirtschaft, Tourismus- und Kurseelsorge, Hörbehinderten-Seelsorge …; nicht zu vergessen Beratungsstellen, Sozialarbeit, Medien und Öffentlichkeitsarbeit, Jugendarbeit (z. B. Jugendkirchen in Basel, Zürich), Betagten-Zentren, Projekte wie z. B. «Kirche im Dialog» in Bern oder die «Wegbegleitung» in Basel, um nur einige zu nennen.

Hinter dieser Vielfalt an «kirchlichen Orten» steht selten der futurologische Spürsinn einer vorausdenkenden Kirchenleitung. Vielmehr haben Frauen und Männer mit persönlichem Engagement ehrenamtlich (z. B. Krankenbesuchsdienst, Bibelgruppe) oder beruflich konkrete menschliche Erfahrungen und gesellschaftliche Herausforderungen zum Ort ihres christlich motivierten Handelns werden lassen und damit die Sendung der Kirche mit der konkreten Wirklichkeit verbunden. Gesellschaftliche Prozesse sind es in der Regel gewesen, die Probleme anzeigten und nach entsprechenden Lösungen riefen. In diesem Sinn sind auch Events wie z. B. Mini-Fest und Weltjugendtage Chancen.

Orte der Kirche: Orte der Menschen und des Lebens

Nicht zuletzt unter dem Einfluss der Individualisierung des gesellschaftlichen Lebens ist das ehemals geschlossene System der Kirche bzw. der Pfarrei aufgebrochen worden. Nicht mehr die Institution Kirche mit ihrer früheren «Mastkur»-Pastoral, in der die Gläubigen passive Versorgungs-Empfänger waren, diktiert das Handeln und die Bedingungen der Kirchenzugehörigkeit, sondern der einzelne Mensch mit seinen Ansichten und Begabungen, mit seinen Fragen und Lebenslasten. Wie die Modelle der Vergangenheit ihre Stärken und Schattenseiten kannten, werden auch die sogenannt modernen Wege ihre öffnenden Chancen bieten, aber auch die Gefahr in sich bergen, dass man sich durch beflissene Anpassung an die Gesellschaft auch deren Schädigungen zuziehen kann. Aber der Weinberg Gottes besteht nicht aus binnenkirchlichen, geschützten Schrebergärten, sondern umfasst das ganze Leben mit seinen fruchtbaren und zerstörerischen Anteilen.

Die Frage, welche Orte die Kirche braucht, kehrt sich um. Wo brauchen die Menschen Kirche? Der Mensch kann nicht ortlos sein. Schon rein körperlich ist er ein Wesen in Raum und Zeit. Er muss ein Verhältnis zu seinem nahen Lebensraum und zur weiten bis unendlichen Raumwelt gewinnen. Als räumliche Wesen bedürfen wir für unsere Identitätsfindung einer Unterscheidung der räumlichen und kommunikativen Orte. Dies gilt auch religiös. Der einzelne Christ und die einzelne Christin bedürfen um ihrer Menschlichkeit und um ihres Christseins willen der kommunikativen Begegnungsorte, der existenziellen Verortung, um offen und beweglich zu werden auf dem eigenen Lebensweg unterwegs mit anderen. Darin liegt die Bedeutung der Pfarrei. Es bedarf der kirchlichen Lebensformen, die für die einzelnen Menschen erreichbar sind.

Für die Kirche und für alle, denen eine glaubwürdige Kirche am Herzen liegt (wenn sie auch manchmal auf den Magen drückt), bedeutet dies, in unserer konkreten Lebenswelt den Biografien der einzelnen Menschen Orte und Wege zu ermöglichen (z. B. Kasualien bei zentralen Lebenserfahrungen). In der eigenen Sozialgestalt (als kirchliche Organisation) ist dafür der Reichtum der Vielfalt zuzulassen und fruchtbar zu gestalten. Damit werden die Herausforderungen, Freuden und Leiden des Alltags, die Probleme und Chancen im gesellschaftlichen Umfeld, die Angst vor Gewalt, Arbeitslosigkeit und Armut und die Sehnsucht nach mehr Bedeutung des eigenen Lebens und der Anerkennung durch Mitmenschen zu Räumen und Erfahrungsorten, wo die Kirche mit ihrer Botschaft von einem menschenfreundlichen Gott ihr «hier bin ich» (*adsum*) wagen sollte und darf. Damit erhält die Frage nach den lokalen und regionalen Orten der Kirche die Bedeutung einer existenziellen Orthaftigkeit, die menschliche Ortlosigkeit überwinden helfen will. Orte der Kirche sind überall dort zu suchen und zu finden, wo Menschen um das Miteinander im Alltag und um eine gerechte gesellschaftliche Innenarchitektur bemüht sind; Orte der Kirche sind überall dort, wo die Dienstanweisungen Gottes an uns ergehen. Solche Orte sind keine Plätze, wo man sitzen bleibt, sondern wo sich Erfahrungen schenken lassen, dass Ängste überwunden werden und Vertrauen gesät wird. Es wächst dann der Mut, aktiver Pilger zu sein und nicht nur passiver Passagier der Kirche oder des eigenen Lebensschiffes.

«Keine bleibende Stätte» (Hebr 13,14)

Es wäre irreleitend, die Frage nach einer dynamischen Verortung des Christseins nur auf den Erhalt herkömmlicher Strukturen und Orte oder nur als Anpassungsleistung an die gesellschaftlichen Lebensplätze und an deren Mächte zu verstehen. Alles, was Kirche zutiefst ausmacht – bis in den Reichtum ihrer sakramentalen Zeichen und religiösen Rituale –, ist keine Garantie für gelingendes Christsein. Weder Doktrin, Kult noch Kirchenzugehörigkeit sichern Heil, sondern nur jene Liebe, der die Kirche dient, die sie aber selbst nur gebrochen weiterschenken kann.

Christsein bedeutet, den Weg in der Nachfolge Jesu auf sich zu nehmen, dessen Kreuzestod ausserhalb der «heiligen Orte», ausserhalb des Lagers bzw. der Stadt und der gottesdienstlichen Ordnung erfolgte. Die Antwort des christlichen Glaubens in der Nachfolge Jesu erfüllt sich darin, dass alle Orte des menschlichen Lebens mit seinen guten und bösen Tagen zu Passagen Gottes werden, denn Gott zeigt sich im «Vorbeigang» (*passah*), lässt sich aber nicht festhalten und sesshaft machen. Wenn sich dies ereignet, dann darf die Kirche in den Pfarreien und an allen Orten der Kirche und des Lebens auch heilige Räume der Sammlung und Sendung pflegen. Sie sind dann nicht vom konkreten Leben gesonderte Sakralräume, sondern sakramentale «Orte» dafür, dass Gott und Mensch zusammengehören. In diesem Sinn kann Kirche gar nicht genug orts-süchtig und realitätsmutig sein, ohne sich an den festen Orten der Vergangenheit und eines zentralistischen und patriarchalen Systems einzuigeln und in Deckung zu gehen.

Texte zum Weiterdenken

Denn wo zwei oder drei in meinem Namen versammelt sind, da bin ich mitten unter ihnen. (Mt 18,20)

Jesus antwortete ihnen: Geht und berichtet Johannes, was ihr seht und hört: Blinde sehen wieder, und Lahme gehen; Aussätzige werden rein, und Taube hören; Tote stehen auf, und den Armen wird das Evangelium verkündet. Selig ist, wer an mir keinen Anstoss nimmt. (Mt 11,4–6)

Ich bin gekommen, damit sie das Leben haben und es in Fülle haben. (Joh 10,10)

Fragen zum Weiterdenken

Orientiert und konzentriert sich alles seelsorgerliche Handeln vorwiegend auf die Wohnräume in Ihrer Pfarrei? Oder nimmt es die Lebenswelten bzw. beruflichen und mobilen Lebensbedingungen der Menschen wahr?

Was ist auf Pfarreiebene und was ist im überpfarreilichen Seelsorgeraum oder Dekanat bei der pastoralen Planung anzugehen? Macht es für Sie einen spürbaren Unterschied, ob Sie in einer städtischen oder in einer ländlichen Seelsorgeeinheiten leben?

Welche Bereiche bzw. Optionen sind besonders zu gewichten: Armut und Benachteiligung – Jugendliche – Singles – Familien – kulturelle Anliegen und gemeinwohlorientierte Ortspolitik oder Quartierprojekte – Präsenz in den Medien usw.?

Wie ist die Mitsprache der «Laien» auf lokaler und regionaler Ebene strukturiert und vernetzt (z.B. Pfarreirat)? Welche Qualität haben unsere Kommunikations- und Beziehungsformen? Wie gehen wir mit Vielfalt und Harmonie um? Wie hoch sind die Schwellen für «Neue» und Fernstehende? Wie gewinnen und begleiten die Seelsorgenden Ehrenamtliche?

5.9 Wo Fachsprache nicht vonnöten ist – Volksfrömmigkeit

Alois Odermatt

Dass das Leben der Kirche ohne Fachsprache auskommen kann, zeigen Volksfrömmigkeit und kirchliches Brauchtum. Wenn wir uns darauf einlassen, tauchen tausend Erinnerungen und Beobachtungen auf:

– das religiöse Brauchtum rund um Kirchenjahr und Liturgie, die C+M+B-Inschrift der Sternsinger am Türsturz, der Blasius-Segen und das Agatha-Brot, das vierzigstündige Gebet in der Fasnacht, der Kreuzweg in der Fastenzeit, die Heilige Stunde in der Karwoche, der Palmbuschen am Palmsonntag, die Feuerwache in der Osternacht, die Flurgänge und Maiandachten im Frühjahr, die Prozession an Fronleichnam, die Kräutersegnung an Mariä Himmelfahrt;

– aber auch der Herrgottswinkel in der Stube, Weihwasser und Angelus-Gebet, Andachten, Prozessionen und Umgänge, Reliquien-Verehrung und

Volksfrömmigkeit

Arme-Seelen-Kult, Kruzifix und Bildstöckchen an der Wegscheide, Wallfahrten und Pilgergänge nach Kraftorten, Betruf und Alpsegen, Rituale bei Krankheiten, bei Unwetter und bei Übergängen im Leben.

Die Volksfrömmigkeit erfährt heute eine erstaunliche Neubelebung und Erweiterung. Das zeigt sich etwa im Wallfahrts- und Pilgerwesen, über die Grenzen der Konfessionen und Religionen hinweg. Das Pilgern über klassische Kulturwege wird immer beliebter:

– im Zeichen der Muschel über den Jakobsweg nach Santiago de Compostela im nordspanischen Galizien;

– im Zeichen des Doppelschlüssels über den Frankenweg (die Via Francigena) nach Rom, etwa auf den Spuren des Gedenkmarschs über 800 Kilometer zum Jubiläum »500 Jahre Päpstliche Schweizergarde« im Frühjahr 2006;

– im Zeichen des Kreuzes nach Jerusalem, wie die Pilgerwanderung für den Frieden über 4000 Kilometer von zwei Theologinnen und zwei Theologen aus der Schweiz im Jahr 2011.

Volksfrömmigkeit ist «Selbstermächtigung»

Volksfrömmigkeit ist Glaubenspraxis «von unten». Hilfreich ist, was die Dritte Generalversammlung des Lateinamerikanischen Bischofsrates (CELAM) 1979 in Puebla (Mexiko) hervorhob: «Die Volksreligiosität ist eine aktive Form, in der das Volk sich ständig selbst evangelisiert.» Von diesem Grundsatz her lassen sich einige Leitsätze folgern:

– Volksfrömmigkeit ist religiöse Bewältigung des Alltags, denn sie verbindet Spiritualität und Leben und führt Menschen aller Alters- und Bildungsschichten zusammen. In diesem Sinne ist sie Öffnung zur konkreten Welt.

– Volksfrömmigkeit drückt auf besondere Weise das Leben und die Eigenheiten einer Ortskirche aus – lange bevor es üblich wurde, die Bedeutung der Ortskirche zu betonen. In der Regel waren «Laien» die Träger und Organisatoren. Das gehört zur Freiheitsgeschichte des Katholizismus.

– Volksfrömmigkeit äussert sich am stärksten in den Wallfahrten, die in allen Hochreligionen eine bedeutende Rolle spielen. Wallfahrten drücken, über

die Kulturen hinweg, eine tief im Menschen verankerte religiöse Grundbe-
findlichkeit aus.

Wir gestalten die Volksfrömmigkeit

Wir können unsere pfarrgemeindliche Ortskirche wirksam beleben, wenn wir
bei der Volksfrömmigkeit ansetzen – gerade auch dann, wenn wir keinen eigenen Pfarrer (mehr) haben. Unsere einheimischen Initiativen und Talente
haben dann (vielleicht) umso mehr Raum für Selbststeuerung. Für die Umset-
zung können folgende Hinweise helfen:

– Wir stellen (in einer Projektgruppe) die Elemente der Volksfrömmigkeit
  zusammen, die noch bekannt sind. Wir führen dazu eine Reflexion durch,
  je nach Bedarf mit Fachleuten (Volkskunde und Populäre Kultur, Theologie und Liturgie, Sozial- und Erlebnispädagogik).

– Wir erstellen einen ersten Drei-Jahres-Plan zur Neubelebung von Elemen-
  ten der Volksfrömmigkeit. Dabei achten wir vor allem auf folgende
  Gesichtspunkte: Wie kommen alle Alters- und Bildungsschichten zusammen? Wie kommt im Neuvollzug das befreiend Christliche zum Ausdruck?
  Wie entstehen neue Milieus einer offenen Katholizität?

Volksfrömmigkeit erlangt gesellschaftliche Bedeutung, denn sie kann Kräfte
der Gewaltverminderung wecken. Das müsste auch das Interesse öffentlicher
Stellen wecken.

Aufrührerisches Potenzial im Rosenkranzgebet

Eine eigene Rolle spielt in der Volksfrömmigkeit seit Jahrhunderten der
Rosenkranz. Dietrich Wiederkehr, emeritierter Professor für Fundamentaltheologie in Luzern, hat ihn «als Sprachgeschehen» untersucht und ist dabei
zu folgenden Überlegungen gelangt:

– Jede Gruppe oder Gemeinschaft von Menschen kann den Rosenkranz
  beten, ohne dass sie auf einen Priester angewiesen wäre. Niemand kontrol-
  liert, wie die einzelnen dabei ihren Glauben erfahren, verstehen und voll-
  ziehen.

– Vor der Liturgiereform des II. Vatikanischen Konzils war er denn auch das Gebet, das die Gemeinde – des Lateins unkundig und auch an den leisen Messgebeten nicht hörend beteiligt – auf ihre Weise verrichtete: eine parallele Messandacht, eine private Liturgie, während man «dem Messopfer beiwohnte». Auch der Rosenkranz konnte und kann für sich die Akklamation in Anspruch nehmen: «Deinen Tod, o Herr, verkünden wir, und deine Auferstehung preisen wir, bis du kommst in Herrlichkeit.»

– Der Rosenkranz schafft für einen kurzen Augenblick ein priesterloses, ein hierarchiefreies Gottesvolk. Er wirkt heilsam und institutionskritisch in die Kirche hinein. Bildung oder kirchliches Amt spielen beim Beten keine Rolle. Alle Schwellen und Unterschiede sind vorübergehend aufgehoben. So hütet das Rosenkranzgebet eine gefährliche und befreiende Erinnerung: als Erinnerung mit Zukunft.

Der Rosenkranz entfaltet sich als meditatives Mantra-Gebet. Auf dieser Linie gibt es erste Erfahrungen mit dem mehrstimmig gesungenen Rosenkranz, etwa nach dem Vorbild der Deutschen Vesper (Wessenberg), der östlichen Liturgie (Rimski-Korsakow) oder der Taizé-Gesänge.

 Texte zum Weiterlesen

Die drei Leitsätze zur Selbstermächtigung folgen den Überlegungen von Wilhelm Imkamp, dem Wallfahrtsdirektor des bayerisch-schwäbischen Wallfahrtsortes Maria Vesperbild im Bistum Augsburg, online unter www.maria-vesperbild.de/index.php?id=139.

Kerkeling, Hape: Ich bin dann mal weg. Meine Reise auf dem Jakobsweg, München 2006.

Kromer, Günter: Via Francigena. Auf dem Frankenweg von Canterbury nach Rom, Innsbruck 2009.

Wiederkehr, Dietrich: Der Rosenkranz als Sprachgeschehen. Geistliche und kirchliche Implikationen, in: *Frei, Urs-Beat/Bühler, Fredy:* Der Rosenkranz. Andacht, Geschichte, Kunst, Bern 2001, 231–239; vgl. dort vor allem 238–239.

Fragen zum Weiterdenken

Welche positiven, welche negativen Erinnerungen habe ich an volksreligiöse Veranstaltungen, an denen ich in früheren Jahren oder Jahrzehnten teilgenommen habe?

Welche Erfahrungen stehen hinter positiven Erlebnissen? Was macht das Positive aus (z. B. die Anstrengung des Weges und das fröhliche Beisammensein)?

Welche Erfahrungen stehen hinter negativen Erlebnissen?

Bei welchen neuen oder neubelebten Formen hätte ich Lust, mich zu beteiligen? Welche eigenen Fähigkeiten könnte ich dabei zum Tragen bringen? Oder: Wie könnten meine Erfahrungen dabei zur Geltung kommen (z. B. Wanderführung, historische Erhellung, journalistische Begleitung, Musik und Gesang)?

5.10 Die Zeichen der Zeit verstehen

Leo Karrer

Zwischen Tradition und Reform

Seit dem II. Vatikanischen Konzil (1962–1965) hat sich die Kirche aus ihrem statischen System zu lösen und das dynamische *aggiornamento* (Verheutigung) mit der Tradition zu versöhnen versucht. Seither haben so genannte Traditionalisten begonnen, sich gegen die Neuerungen und Aufbrüche zu wehren. Die Spannungen zwischen vorwärts strebenden und rückwärts orientierten Kräften sind bis in unsere Pfarreien spürbar. Die Zerreissproben zwischen den widersprüchlichen Kirchenbildern und dem zu eng gewordenen System mit seiner zentralistischen und patriarchalen Steuerung fordern zu Reformen heraus. Ansonsten wird leider verhindert, dass die Kirche ihre grossartige Botschaft in der Sprache der heutigen Zeit und im Blick auf die konkreten Fragen und Nöte der Menschen verkündet. Es geht um das Verständnis der Tradition. – Natürlich ist die weltweite Kirche wie ein grosser Kahn auf den Meeren

122

des Lebens und muss Kursänderungen weitsichtig und rechtzeitig planen und wagen. Sonst könnte der Bremsweg zu knapp werden.

Die Tradition der Kirche ist keine statische Wiederholung des schon immer Gewussten. Es geht vielmehr um einen aktiven Prozess, in dem die wesentliche Botschaft Jesu von Nazaret, dass Gott das Heil aller Menschen will, in der jeweiligen Zeit und in verschiedenen Kontexten des Lebens ankommen möchte. In diesem Sinn kann man nicht genug versuchen, ein guter Traditionalist zu sein, der aber den ganzen Reichtum der christlichen Botschaft bis zurück zu ihren biblischen Quellen ernst zu nehmen und praktisch umzusetzen versucht. Diese dynamische Treue wird nicht durch traditionalistisches Verharren auf Formen und Formeln des 16. oder 19. Jahrhunderts eingelöst.

Einheit von Menschen- und Gottesliebe: im Leben daheim

Karl Rahner, einer der grossen Denker und Mystiker des 20. Jahrhunderts, hat auf die innere Einheit von Menschen- und Gottesliebe vertieft aufmerksam gemacht. Christ oder Christin werden wir nicht zuerst durch eine soziologische Zugehörigkeit zur Kirche, sondern dadurch, dass wir aus dem Glauben an Jesus Christus Hoffnung für alle Menschen schöpfen und uns immer wieder zur Menschlichkeit bekehren. Der Mensch ist die Wahlheimat des Gottes Jesu; denn der Weinberg Gottes sind die Menschen und ihre Welt. Dort ist das Saatkorn der Frohbotschaft zu säen. Die Botschaft ist nicht im vermeintlich sicheren Hafen vergangener Zeiten zu vertäuen. Vielleicht bedeutet dies auch, Abschied nehmen zu müssen von einer volkskirchlichen Pastoral der «satten Ernte» und eine Pastoral des mühsamen Säens zu erlernen.

Im Leben daheim: konkrete Zeichen der Zeit

Die Christinnen und Christen und mit ihnen die Kirchen befinden sich in einer Art Schicksalsgemeinschaft mit der jeweiligen Zeit und mit dem konkreten gesellschaftlichen Ambiente. Dieser konkreten Welt und ihren Menschen gelten die Verheissungen des Evangeliums – inmitten der Erfahrungen des Lebens in ihrer ganzen Spanne von Glück, Ängsten und Leid. Somit sind die Herausforderungen draussen vor den Kirchentüren zu finden, hinter die sich keine verängstigte Kirchenbesatzung zurückziehen darf. Die Dienstanweisungen Gottes melden sich vom konkreten menschlichen und gesellschaftlichen Hintergrund her an.

Zu denken ist dabei im Sinne des konziliaren Prozesses an die Sorge um den Frieden (*Friedens-Diakonie*) und an die Solidarität mit vereinsamenden, depressiven, isolierten oder müde gewordenen Menschen (*soziale Diakonie*). Andere Stichworte sind Armut an elementaren Lebensbedingungen (*prophetische Diakonie*) oder die oft namenlose Not der biografischen Armut an physischer, seelischer und geistiger Lebensentfaltung (*therapeutische Diakonie)*, die Armut an Werte-Orientierung und an kommunikativer Solidarität (*ethische* und *kulturelle Diakonie*).

Neben dieser Aufzählung ist auch das nicht zu unterschlagen, was wir Sinnkrise oder Armut an Lebenssinn oder an Daseinswillen nennen können. Es handelt sich dabei um die zum Teil tabuisierten Fragen um Werte und Lebensperspektiven, die an ihrer Wurzel oft religiöse und gefühlsmässig erlebnisdichte Dimensionen offenlegen (*religiöse Diakonie*).

Die meist kleinen Schritte grosser Optionen

Für den Brückenschlag zwischen der geschenkten Hoffnung und der konkreten Wirklichkeit ist an das ganze seelsorgliche und diakonische Engagement zu denken, das Pfarreien, Orden, Klöster, kirchliche Organisationen und Vereine, pfarreiliche Besuchsgruppen und kirchliche Beratungsstellen, Hilfswerke und auch kirchliche Rituale, Theologie usw. leisten. Diese Fragen dürften ruhig mehr Raum in Seelsorgeteams, in Pfarreiräten, in Bibelkreisen und spirituellen Gruppen, in Glaubenskursen und Ökumene-Kreisen einnehmen.

Realitäts-Mut, Menschen- und Gottesliebe sowie die Treue zum Anliegen, zur Vision, können auch in Zeiten von Misserfolg und Enttäuschungen nicht an andere delegiert werden. Für den je eigenen Weg und die Identitätsfindung gibt es keine Stellvertretung. Dabei kommt es darauf an, selbst zu gehen, es wenigstens zu versuchen – und zwar gemeinsam mit anderen. Die Synergie der Kräfte entzündet Phantasien, Mut zum Wagnis und Risikobereitschaft, entfacht das Feuer neuer Energien. Es warten viele im seelsorglichen Alltag darauf, nicht alleingelassen, sondern mitgenommen zu werden. In diesem Sinn kann man nie gegen andere und ohne andere katholisch sein. So sollten in der Regel vor allem Pfarreien und Seelsorgeeinheiten Antennen für die Fragen und Nöte der Menschen sein und Projekte vernetzen.

Mut zum langen Atem: Hütet das Feuer

Bei solchen Umbrüchen mit ihren Abbrüchen und Durchbrüchen dürfen wir nicht vergessen, dass wir als Christen und Christinnen und im kirchlichen Handeln letztlich dem Wünschbaren, und nicht trotzig und verkrampft dem Machbaren verpflichtet sind. Dies vor allem deshalb, weil Christsein mit Menschen, Lebensprozessen und mit der personalen Ebene zu tun hat. Da gelten nicht Erfolgskategorien, sondern die Gesetze des Reifens und Werdens und der abgrundtiefen Krisen, des Suchens und Wartens, des Gelingens und Scheiterns, der seligen Freude am geschenkten Glauben und der nagenden Zweifel bis hin zum depressiven Abgrund.

Nur über diesen konkreten Weg kann das sich ankündigen, wachsen und in vielen Ansätzen diskret Realität werden, wofür letztlich (fast) alle plädieren: nämlich eine durch uns und mit uns, aber auch für uns lebendige und menschenfreundliche Kirche, die die Gottesfrage und die Menschenfrage leidenschaftlich wagt. Praktischer Christenmut bedeutet eben, die christliche Dimension von Kirche mit anderen zusammen zum eigenen Anliegen werden zu lassen. Dann zeigt sich wohl auch, dass der Glaube über unser Leben hinausweist, aber ebenso in die Mitte des Menschseins hinein.

 Texte zum Weiterdenken

Ich bin gekommen, damit sie das Leben haben und es in Fülle haben. (Joh 10,10)

Texte zum Weiterdenken

Der Geist des Herrn ist auf mir; denn er hat mich gesalbt. Er hat mich gesandt, damit ich den Armen eine gute Nachricht bringe; damit ich den Gefangenen die Entlassung verkünde und den Blinden das Augenlicht; damit ich die Zerschlagenen in Freiheit setze (Lk 4,18).

[Ich ermahne euch.] Gleicht euch nicht dieser Welt an, sondern wandelt euch und erneuert euer Denken, damit ihr prüfen und erkennen könnt, was der Wille Gottes ist: was ihm gefällt, was gut und vollkommen ist. (Röm 12,2)

Fragen zum Weiterdenken

Vision und Realität

Welche Aspekte und Inhalte darf ein Leitbild für die Pfarrei oder für den Seelsorgeraum nicht versäumen, wenn es um die Einheit von Menschen- und Gottesliebe geht?

Sehen – urteilen – handeln

Welche Herausforderungen sind auf Pfarreiebene und in grösseren Seelsorgeeinheiten wahrzunehmen und auf gezielte Schwerpunkte hin zu orientieren? Welche Handlungsschritte (Massnahmen) oder welche Projekte sind in die Wege zu leiten?

Welche personellen und traditionellen Ressourcen sind vorhanden, und welche liebgewonnenen Traditionen und Bräuche darf man verabschieden?

Wo gibt es im gesellschaftlichen sowie kommunalen Umfeld Kooperationschancen und ökumenische Anknüpfungspunkte (ohne das Rad neu erfinden zu müssen)?

5.11 Ein Ort, verschiedene Kirchen, viele Religionen

Helga Kohler-Spiegel

Eine Primarklasse in einer Kleinstadt: Achmet sitzt neben Jakob, Hülya neben Jeanine, Rebecca und Philip sind Zwillinge ... 19 Kinder, 11 Nationen und 8 Religionen sind vertreten. Die Kinder lernen und spielen miteinander, Herkunft oder Religionszugehörigkeit hat für diese Kinder keine Bedeutung. Wichtig ist vielmehr, wer beim Spielen achtsam und wer grob ist ... Nach Festtagen erzählen die Kinder einander, was sie gefeiert haben und ob es Geschenke gab.

Leben in der Vielfalt von Religionen

Pflichtschulklassen bilden häufig ein Stück der sozialen Realität eines Ortes ab. Diese Vielfalt ist auch im eigenen Wohnort sichtbar. Einander wahrnehmen, voneinander wissen, aneinander Anteil nehmen: Dies gelingt Kindern oft besser als Erwachsenen. Die sechsjährige Amira hat im Gespräch mit ihrer Mutter ein schönes Bild für das Zusammenleben in ihrer religiös gemischten Familie gefunden. Petra Bleisch Bouzar schildert diese Szene:

«Amira: Mami, gell, die Grossmama wohnt im Christen-Turm und der Papa im Islam-Turm.

Mutter (schmunzelnd): Ja, das kann man so sagen. Und du?

Amira: Der Anis (ihr kleiner Bruder) ist ja ein Bub, der kann bei den Islamischen sein wie der Papa. Und ich so wie du, weil ich bin ja ein Mädchen.»

Eine Familie, ein gemeinsames Leben in zwei Türmen: In den Wohngemeinden findet vermutlich ein Leben in und mit vielen Türmen statt. Da über Religiöses wenig im öffentlichen Raum gesprochen wird, kann es sein, dass zuerst der Blick geöffnet werden muss: Wie viele Religionsgemeinschaften gibt es in unserem Ort, in unserem Quartier? Welche sind wie stark ausgeprägt? Wie verlief ihre Geschichte, seit wann sind sie im Ort?

Beim Dialog der Religionen ist der erste Aspekt: wahrnehmen, was ist. Dann können alle Fragen gestellt werden, um in Kontakt zu treten und «die anderen» zu verstehen. Im Dialog zu sein heisst, uns selbst ein Stück «gewiss» zu sein, ein wenig zu wissen, wer wir selbst sind. Mit dieser «vorläufigen Sicherheit» können wir ins Gespräch mit den jeweils «anderen» gehen.

Zugleich schärft das Gespräch mit anderen auch, wer wir selbst sind. Junge Menschen sagen oft, sie haben erst im Kennenlernen anderer Religionen verstanden, was bei der eigenen Religion wichtig ist. Entwicklungspsychologisch können wir formulieren: Der Mensch braucht das «Du», um zum «Ich» zu werden. Martin Buber fasste dies in die wenigen Worte: «Der Mensch wird am Du zum Ich». Identität schliesst die Beziehung zum anderen ein, die einzelne Person kann sich von anderen unterscheiden, vom anderen Fremden und vom anderen innerhalb der eigenen Gruppe. Was für die einzelne Person gilt, gilt auch für Gruppen. Auch bei Gruppen zeigt sich die Spannung zwischen «uns» und «den anderen».

Deshalb ist klar, dass Begegnungen miteinander nicht vorrangig problembezogen oder konflikthaft sein sollen. Deshalb ist verständlich, dass Begegnungen mehr Dialog ermöglichen, wenn Menschen neben manchen Unterschieden, z. B. Religionszugehörigkeit, durch andere Aspekte untereinander verbunden sind, z. B. ähnliche Berufsgruppen oder ähnliche soziale Zugehörigkeit. In der Begegnung lernen wir, nicht «über» die anderen zu reden, sondern «mit den anderen», «in ihrem Angesicht».

Begegnungsmuster zwischen den Religionen

Jede Begegnung beinhaltet eine Verhältnisbestimmung – auch die Begegnung zwischen Religionen. Es gibt verschiedene Möglichkeiten, wie diese Verhältnisbestimmung aussehen kann. Ich kann entweder nur die eigene Religion als die richtige ansehen (exklusiv), oder ich kann in allen Religionen Spuren Gottes finden, Wahres und Heiliges, Wertvolles (inklusiv), wobei das Eigene aber «das Entscheidende» bleibt. «Parallelität» betont, dass keine der geschichtlich existenten Religionen die Wahrheit für sich selbst in Anspruch nehmen kann, die Religionen stehen nach diesem Verständnis also ohne Über- oder Unterordnung nebeneinander. «Wesensgleichheit» geht davon aus, dass hinter jeder der Religionen ein Gott steht, als gemeinsamer Urgrund, als gemeinsame Mitte und gemeinsames Ziel aller Menschen.

Die Verhältnisbestimmungen bedürfen der Diskussion. Denn, so sagte Karl Rahner: «Wer sich anderen Religionen nähert, nimmt implizit oder explizit eine Positionsbestimmung in Bezug auf die eigene, die andere und auf das Verhältnis zwischen den betreffenden Religionen vor.»[27]

Pastorale Überlegungen

Religionen begegnen einander als Menschen

Ich begegne nicht «dem Islam» oder «dem Buddhismus», sondern ich begegne Menschen, die als Muslime oder als Buddhisten leben, die von ihrem Glauben reden oder darüber schreiben ... Im konkreten Menschen begegne ich der Geschichte dieses Menschen und seines Landes, ich begegne den Vorstellungen und den Glaubensüberzeugungen, die dieser Mensch hat, seinen Überzeugungen und Hoffnungen ...

Sehen lernen, wie sich die jeweiligen Menschen selbst sehen

Der unreflektierte Sprachgebrauch lässt glauben, wir begegneten «einer anderen Religion». Wir begegnen aber zuerst unseren eigenen Bildern, die wir uns «vom anderen» machen. Deshalb ist spannend zu fragen. Wie sieht sich der/die andere selbst? Was sagt er/sie von sich? Wie versteht er/sie die eigene Tradition und die Zukunft? Welches sind die eigenen Quellen, wo zeigt sich Widersprüchliches?

Perspektivenwechsel

Identifikatorisch können wir eine andere Person zu verstehen suchen, ohne mit dieser ident zu werden. Mit Hilfe von Identifikation ist es möglich, den Blickwinkel einer anderen Person zu übernehmen, ihre Fragen und ihre Gefühle zu teilen, mit ihr zu hoffen, Neues zu wagen oder zu leiden. Und zugleich ist es gut, nicht zu schnell zu verstehen, sondern das «Befremden» auszuhalten.

Das Menschenrecht auf Undurchsichtigkeit

Edouard Glissant spricht vom «Menschenrecht auf Undurchsichtigkeit». Er sagt: «Es genügt nicht, dem anderen seine Andersartigkeit zuzugestehen. Was ich einklage, ist das Menschenrecht auf Undurchsichtigkeit. Ich muss dich nicht

---

27 Zit. nach *Ziebertz, Hans-Georg:* Lernprozesse und religionstheologisches Bewusstsein, in: *ders./Van der Veen, Johannes (Hg.):* Religiöser Pluralismus und Interreligiöses Lernen, Kampen/Weinheim 1994, 233–275, 248.

verstehen müssen, um mit dir leben zu können.» Die Erfahrung des Fremden wird nicht zum Anlass von «Verstehensanstrengungen», das Fremde muss nicht durchschaut, verstanden und eingeordnet werden. «Der Fremde kann beanspruchen, nicht verstanden zu werden. Er muss nicht das Verstandenwerden erreicht haben, um respektiert zu werden und gleichberechtigt zu sein.»[28]

«Über die Unmöglichkeit, Politik durch Pädagogik zu ersetzen»

So lautete 1981 ein Artikel von Franz Hamburger, Lydia Seus und Otto Wolter. Dies gilt auch für die Pastoral. Gesellschaftliche Fragen müssen in der politischen Diskussion geklärt werden, interkulturelles und interreligiöses Zusammenleben braucht – damit der Dialog gelingen kann – auch politische Spielregeln.

«Dialog ist, wenn auch der andere recht haben könnte», so könnte man im Anschluss an die Frankfurter Schule sagen. Am eigenen Wohnort die Augen zu öffnen, ist ein guter Beginn, einander wahrzunehmen, einander zu begegnen – damit die verschiedenen Kirchen und Religionen in einen guten Austausch und vielleicht in Zukunft gar in einen Dialog kommen können.

 Fragen zum Weiterdenken

In meiner Pfarrei, in meiner Umgebung: Welche Religionen kann ich finden? Welche religiösen Gebäude kann ich entdecken? Welche der Religionen sind deutlicher nach aussen sichtbar, welche weniger?

Wie denke ich selbst zum Verhältnis des Christentums zu anderen Religionen? Sie können (alleine oder in kleinen Gruppen) mehrere farbige Stifte nehmen und grafisch eine Verhältnisbestimmung zwischen den Religionen vornehmen.

Welche Begegnungspunkte zwischen den Kirchen und Religionen haben wir im eigenen Wohnort?

---

28 Zitate nach *Messerschmidt, Astrid:* Befremdungen – oder wie man fremd wird und fremd sein kann, in: *Schreiner, Peter/Sieg, Ursula/Elsenbast, Volker (Hg.):* Handbuch Interreligiöses Lernen. Eine Veröffentlichung des Comenius-Instituts, Gütersloh 2005, 217–228, 224.

5.12 Verschiedene Länder, verschiedene Kirchen

Eva-Maria Faber

Weltkirchliche Verbundenheit gehört zu den Stärken der römisch-katholischen Kirche – so lautet eine verbreitete Meinung. Katholisch sein heisst z. B.: Wo man auch hinkommt, selbst in fremden Sprachen, kann man sich in der Eucharistiefeier zurechtfinden und zuhause fühlen. Und über die Verbundenheit mit der Kirche von Rom, konkret mit dem Bischof von Rom, dem Papst, ist eine selbstverständliche Verbundenheit mit den anderen römisch-katholischen Kirchen auf der ganzen Welt gewährleistet.

Seit ich gehört habe, wie reformierte Christen von ihren Reiseerfahrungen und von Begegnungen im Reformierten Weltbund erzählten, bin ich etwas vorsichtiger, das Thema «Weltkirche» als typisch katholisch zu pachten. Auch Reformierte erfahren weltkirchliche Verbundenheit, wenngleich ihnen dies fraglos mehr Offenheit für Verschiedenheit abverlangt. Doch dürfte die Erfahrung, wie vielfältig reformiertes Christentum gelebt werden kann, zu dessen Schönheiten gehören. (Auch das ist eine Erscheinungsform von Katholizität, weswegen hier der Begriff «katholisch» als solcher nicht für eine Kirche reserviert werden soll).

Eben deswegen ist aber nun auch für die *römisch*-katholische Kirche nach den Spielräumen für Verschiedenheit zu fragen. Schon der einleitende Hinweis auf die weltkirchliche Verbundenheit erfordert eine zweifache Auslegung. Zumeist wird der Begriff «Weltkirche» als Erinnerung an die Gebundenheit der Ortskirchen an die Kirche bzw. den Bischof von Rom eingebracht oder gehört. Das ist auch zutreffend und hat sich in vielen Situationen der Geschichte von Ortskirchen als bedeutsam und befreiend erwiesen. Gleichwohl bedeutet auch in römisch-katholischer Perspektive weltkirchliche Verbundenheit nicht nur diese Orientierung an der Kirche von Rom, sondern ebenso die Verbundenheit der verschiedenen Ortskirchen untereinander. Dazu gehört die Anteilnahme an den Nöten und Sorgen der Kirche in Ländern, in denen Christen verfolgt werden oder die von Ungerechtigkeit und Hunger geprägt sind, dazu gehört die gegenseitige Bereicherung durch je unterschiedliche Weisen und Erfahrungen christlichen Lebens und kirchlicher Gemeinschaft.

Bereicherung freilich kann nur geschehen, wenn es einerseits eine funktionierende Verbundenheit zwischen Ortskirchen gibt (dies gibt dem Anliegen der Einheit Gewicht und zeugt vom Wert struktureller Zusammengehörigkeit) und wenn andererseits Verschiedenheiten zugelassen und als Wert geschätzt werden. Diese Spannung ist durch das II. Vatikanische Konzil unter dem Stichwort Katholizität entfaltet worden. Es waren afrikanische Bischöfe, die sich in der Konzilsaula für eine Würdigung der kulturellen Vielfalt und der regionalen Traditionen stark gemacht haben. Dabei wurde zugleich festgehalten, dass der Einheitsdienst des Bischofs von Rom die Verpflichtung einschliesst, die Verschiedenheiten zu schützen.

Zu vertiefen bleibt die Bereitschaft, nicht nur «folkloristische» Variationen in der Verzierung kirchlichen Lebens, sondern tiefer greifende Verschiedenheiten zu erwarten. So ist es bedauerlich, dass gemäss geltendem Kirchenrecht im Bereich der Liturgie bei der Feier der Sakramente fast keine regionale Liturgieentwicklung möglich ist, als ob nicht kulturelles Empfinden auf die Feiergestaltung Einfluss nehmen müsste, damit Menschen sich darin beheimatet fühlen können. Dass in den Ortskirchen unterschiedliche Traditionen und Möglichkeiten bestehen, wie die Katholiken ihre Kirche unterstützen und die Kirchengüter verwalten, könnte als Chance begriffen werden, je nach Kontext geeignete Weisen dafür zu finden. Dass die Verwaltung der finanziellen Ressourcen in der Schweiz weitgehend katholischen Gläubigen übertragen ist, die keine ordinierten Amtsträger sind, ist geschichtlich tief verwurzelt und erlaubt ein hohes Mass geteilter Verantwortung – und dies entspricht nicht nur der hiesigen politischen Kultur, sondern auch dem ekklesialen Ideal von Partizipation.

Unbestritten ist, dass die gesunde Balance zwischen Einheit und Vielfalt schwer zu finden ist. Die Geschichte der Kirche(nspaltungen) hat schmerzlich vor Augen geführt, welch hohes Gut die Einheit ist und wie schwer sie wiederzuerlangen ist. Einheit darf nicht leichtfertig aufs Spiel gesetzt werden, doch ebenso wenig leichtfertig darf Uniformität abverlangt werden, denn auch eine uniforme Kirche wäre nicht mehr katholisch.

Texte zum Weiterdenken

«Alle über den Erdkreis hin verstreuten Gläubigen stehen mit den übrigen im Heiligen Geiste in Gemeinschaft, und so weiss ‹der, welcher zu Rom wohnt, dass die Inder seine Glieder sind› (Johannes Chrysostomus). [...] Kraft dieser Katholizität bringen die einzelnen Teile ihre eigenen Gaben den übrigen Teilen und der ganzen Kirche hinzu, so dass das Ganze und die einzelnen Teile zunehmen aus allen, die Gemeinschaft miteinander halten und zur Fülle in Einheit zusammenwirken. [...] Darum gibt es auch in der kirchlichen Gemeinschaft zu Recht Teilkirchen, die sich eigener Überlieferungen erfreuen, unbeschadet des Primats des Stuhles Petri, welcher der gesamten Liebesgemeinschaft vorsteht, die rechtmässigen Verschiedenheiten schützt und zugleich darüber wacht, dass die Besonderheiten der Einheit nicht nur nicht schaden, sondern ihr vielmehr dienen.»[29]

Fragen zum Weiterdenken

Welchen Wert stellt für Sie die Einheit der Kirche dar? Inwiefern ist Ihnen aus alltäglichen Zusammenhängen vertraut, dass diese Einheit auch etwas «kostet»?

Welche Verschiedenheiten in der Kirche schätzen Sie, die Sie stärker gepflegt sehen möchten?

---

29 *II. Vatikanisches Konzil:* Dogmatische Konstitution über die Kirche Lumen Gentium II,13.

5.13 Nicht im Getto

Josef Bruhin

Die Kirchen werden leerer. Die praktizierenden Christinnen und Christen sehen ihre Zahl – trotz aller Mühe um ein lebendiges Pfarreileben – immer mehr schwinden. In der Öffentlichkeit verliert die Kirche zunehmend an Ansehen und Gewicht. Damit droht eine doppelte Versuchung: Die «Frommen» resignieren, ziehen sich zurück und kümmern sich nur noch um ihr Eigenleben als «kleine Herde». Der missionarische Eifer ist weg. Die Kirche überlässt die Welt und die irdischen Dinge sich selbst; sie ist nicht mehr Sauerteig, und ihr Salz ist schal geworden. Gläubige und Kirche ziehen sich ins Getto zurück. Darf das sein? Nein, das Evangelium spricht eine ganz andere Sprache!

Jesus beginnt sein öffentliches Wirken mit dem revolutionären Programm, das der Prophet Jesaja vorgezeichnet hatte: «Der Geist des Herrn ruht auf mir, weil er mich gesalbt hat, Armen das Evangelium zu verkündigen. Er hat mich gesandt, Gefangenen Freiheit und Blinden das Augenlicht zu verkündigen, Geknechtete in die Freiheit zu entlassen, zu verkünden ein Gnadenjahr des Herrn» (Lk 4,18 f.). Mit diesem Programm stellt Jesus die Strukturen der damaligen (und auch heutigen) Gesellschaft infrage. Er ist kein Anwalt des Status quo, seine Botschaft ist Sauerteig, der die Welt verwandeln will.

Deshalb stand für Jesus das Reich Gottes in der Mitte seiner Sendung. Er redet immer vom Reich Gottes und nie von der Kirche. Selbst der Auferstandene hat nichts anderes im Sinn als das Reich Gottes. Und wie die Propheten meint er damit nicht das Jenseits, sondern das Diesseits. Wenn Jesus von Busse und Umkehr predigt, dann zielt er nicht bloss auf eine Gesinnungs-Änderung, sondern auf eine, die hier und jetzt reale Wirkung und Folgen zeigt in Fragen von Gerechtigkeit, Frieden und Bewahrung der Schöpfung. Jesu Botschaft setzt beim Einzelnen an, zielt aber auf eine Neuordnung der gesellschaftlichen Verhältnisse überhaupt: eine Neuordnung, die im Letzten nur Gott allein zu schaffen vermag, für die der Mensch aber jetzt schon unter den Bedingungen dieser Welt Partei ergreifen soll. Für Jesus gibt es keinen Zweifel, dass Gottes Zukunft hier auf Erden schon begonnen hat.

Das II. Vatikanische Konzil hat mit der Pastoralkonstitution «Die Kirche in der Welt von heute» *Gaudium et spes* uns diese Botschaft deutlich in Erinnerung gerufen, indem es das Verhältnis Kirche – Welt und das Engagement der Gläubigen für das Diesseits ganz neu bestimmt hat:

«Freude und Hoffnung, Trauer und Angst der Menschen von heute, besonders der Armen und Bedrängten aller Art, sind auch Freude und Hoffnung, Trauer und Angst der Jünger Christi. Und es gibt nichts wahrhaft Menschliches, das nicht in ihren Herzen seinen Widerhall fände. Ist doch ihre eigene Gemeinschaft aus Menschen gebildet, die, in Christus geeint, vom Heiligen Geist auf ihrer Pilgerschaft zum Reich des Vaters geleitet werden und eine Heilsbotschaft empfangen haben, die allen auszurichten ist. Darum erfährt diese Gemeinschaft sich mit der Menschheit und ihrer Geschichte wirklich engstens verbunden.» (*Gaudium et spes* 1)

Die «Dogmatische Konstitution über die Kirche» sagt mit Bezug auf das messianische Volk: «Seine Bestimmung endlich ist das Reich Gottes, das von Gott selbst auf Erden grundgelegt wurde, das sich weiter entfalten muss, bis es am Ende der Zeiten von ihm auch vollendet werde, wenn Christus, unser Leben (vgl. Kol 3,4), erscheinen wird und ‹die Schöpfung selbst von der Knechtschaft der Vergänglichkeit zur Freiheit der Herrlichkeit der Kinder Gottes befreit wird› (Röm 8,21).» (*Lumen Gentium* II,9)

Nach dem Konzil haben vor allem die Christen Lateinamerikas mit der befreiungstheologischen Bewegung in Zehntausenden von Basisgemeinden der Welt gezeigt, was die Reich-Gottes-Botschaft in unseren Tagen bedeutet. In der Schweiz können wir auf die hervorragende Leistung der Hilfswerke hinweisen, wir können die grosse «Ökumenische Konsultation zur sozialen und wirtschaftlichen Zukunft der Schweiz: Miteinander in die Zukunft» erwähnen, ein gemeinsames Wort der beiden grossen Kirchen aus dem Jahre 2000, oder auf die Synode 72 zurückblicken. Selbstverständlich wurde und wird auch an der Basis in den 50 Jahren seit dem Konzilsbeginn viel Arbeit und Einsatz geleistet, was man ohne Zögern als «Reich-Gottes-Arbeit» bezeichnen darf.

Was es für eine Pfarrei bedeutet, die Botschaft vom Reich Gottes ernst zu nehmen und damit aus dem Getto herauszutreten, formuliert der geltende Pastorale Entwicklungsplan des Bistums Basel «Den Glauben ins Spiel bringen» (PEP) in der Nr. 3.3.4. «Partei sein für eine solidarische Gesellschaft» treffend so:

«Die biblische Botschaft vom Kommen des Reiches Gottes und von Leben, Tod und Auferstehung Jesu Christi, konkretisiert auch in der katholischen Soziallehre, ist für uns grundlegend für die Gestaltung der ökonomischen, politischen und kulturellen Verhältnisse. Wo Situationen nicht den Kriterien des Reiches Gottes entsprechen, arbeiten wir daran, dies zu ändern, damit günstigere Voraussetzungen für ein Leben in Fülle für alle Menschen entstehen. Aus der Perspektive der sozial Benachteiligten kämpfen wir für gerechtere Strukturen, welche die Würde der Menschen gewährleisten.

Wir bringen unsere Überzeugungen zu aktuellen Fragen der Ökonomie, der Politik und der Kultur in der Öffentlichkeit ein, besonders wenn es um das Leben, Zusammenleben und Überleben der Menschheit und der ganzen Schöpfung geht. Wir bemühen uns, unsere Überzeugung zu begründen, indem wir aufzeigen, wie sich die ethischen Orientierungen auf das Wohl der Menschen auswirken.»

Texte zum Weiterdenken

Eigenmann, Urs: Kirche in der Welt dieser Zeit. Praktische Theologie, Zürich 2010 (Studiengang Theologie X).

Pastoraler Entwicklungsplan Bistum Basel – Den Glauben ins Spiel bringen, online unter www.bistum-basel.ch/seite.php?na=2,4,0,66040,d.

Werlen, Martin [Abt] OSB: Kirche ist politisch. Botschaft zum 1. August 2011 im Auftrag der Bischofskonferenz, in: SKZ 179 (2011) 469–470 vom 21.7.2011, online unter www.bischoefe.ch/dokumente/botschaften/1.-august-2011.

«Suchet zuerst das Reich Gottes und seine Gerechtigkeit ...» – Ein Arbeitsinstrument für pastorales Handeln im Bistum Basel (1993); Kurzfassung online unter www.bistum-basel.ch/ressourcen/download/20071126151739.pdf.

Fragen zum Weiterdenken

Wie könnte unsere Pfarrei diesen Reich-Gottes-Auftrag annehmen und sich so in den Dienst der Öffentlichkeit stellen? Wie könnten wir ihn in die Tat umsetzen?
Wie vermitteln wir unsere Überlegungen an Gesellschaft und Politik?

Schlusswort: Heute Kirche leben –
Ein Blick zurück in die Zukunft

Manfred Belok

Vor 50 Jahren begann in Rom das Zweite Vatikanische Konzil und vor 40 Jahren die Synode 72 in der Schweiz.[30] Beide, das II. Vatikanum wie die Synode 72, waren Grossereignisse, die jeweils eine Aufbruchsstimmung auslösten.

Zu den hart erkämpften positiven Ergebnissen, ja, Meilensteinen des Konzils, die zentrale Anliegen der Reformation und der Aufklärung aufnahmen und realisieren, gehören: die Hochschätzung der Bibel und der Gottesdienst in der Volkssprache; die Anerkennung der Gewissens- und Religionsfreiheit, Toleranz und Menschenrechte; das Erkennen göttlicher Wahrheit auch in den anderen Weltreligionen – allen voran im Judentum – sowie die Offenheit zur säkularen Welt und ihren Werten. Ein weiterer Meilenstein ist die Idee vom Volk Gottes als gleichberechtigter Gemeinschaft von Priestern und Laien, als Gemeinschaft von Gleichgesinnten und Gleichgestellten in der Nachfolge Jesu; ebenso die Eigenständigkeit der Ortskirchen in Gemeinschaft mit der Weltkirche.

Das Leitmotiv für das Konzil kam von Papst Johannes XXIII: «Aggiornamento». Es ging nicht mehr darum, einfach nur die bekannten Glaubenswahrheiten und Lehrsätze zu wiederholen, sondern sich der spannenden Frage zu stellen: Welche Bedeutung hat der Glaube für Menschen von heute? Und: Was kann die Kirche zur Bewältigung der drängenden Probleme der Menschheit in den verschiedenen Erdteilen beitragen? So waren schon damals Themen im Blickfeld des Konzils, die bis heute aktuell sind: Migration, Entwicklung der Weltwirtschaft und die Entwicklung der Medien. Seit diesem Konzil will die Katholische Kirche, und zwar in ökumenischer Offenheit, vor allem eins sein: Anwalt der Menschen. «Freude und Hoffnung, Trauer und Angst der Menschen von heute», so das Konzil, «sind auch Freude und Hoffnung,

---

30 Vgl. dazu *Belok, Manfred:* Die Synode 72 in der Schweiz (1972–1975), in: Pastoraltheologische Informationen 31 (2011), online unter miami.uni-muenster.de/servlets/DerivateServlet/Derivate-6379/2011-2_s21-44_belok.pdf.

Trauer und Angst der Jünger [und Jüngerinnen] Christi.» Mit der Einlösung dieser Selbstverpflichtung steht und fällt die Glaubwürdigkeit der Kirche.

Das II. Vatikanische Konzil verbindet Erneuerung und Kontinuität: Es hat eine *Erneuerung* der Kirche gewollt und gebracht, aber nicht eine neue Kirche. Oder um es mit einem Papst Johannes XXIII. zugeschriebenen Wort zu sagen: «Tradition ist nicht das Hüten der Asche, sondern die Weitergabe des Feuers». Papst Johannes XXIII. war davon überzeugt, dass das von ihm einberufene Konzil zwei Anliegen verfolgen musste, die Erneuerung der katholischen Kirche und die Wiederherstellung der Einheit der Christen. Das war gleichsam der Fokus des ganzen Konzils.

Die Synode 72 griff die Aufbruchsstimmung des Konzils auf, wollte seine Beschlüsse in die pastorale Situation der Kirche Schweiz umsetzen und die kirchlichen Institutionen neu strukturieren. Der erste Anstoss zu einer Synode ging übrigens vom damaligen Churer Bischof Johannes Vonderach aus. Er lud im Mai 1966, ein halbes Jahr nach Ende des Konzils, zu einer Konzilsfeier in die Kathedrale Chur ein. Gesamtschweizerisch konzipiert und gleichzeitig in den Einzeldiözesen sowie in der Gebietsabtei St. Maurice durchgeführt, ist die Synode 72 bis heute das inspirierende Vorbild für einen kommunikativen, synodal angelegten Dialog zwischen Bischöfen und Volk, zwischen Kirchenleitung und Kirchenbasis. «Die Erfahrung gemeinsamen Wirkens im Konzil ermutigte viele Bischöfe, die alte synodale Tradition neu aufzunehmen», so Ivo Fürer, Präsident der gesamtschweizerischen Synode 72 und späterer Bischof von St. Gallen. Die Diözesansynoden tagten, wie das Konzil, in einem Zeitraum von drei Jahren (1972–1975) und befassten sich – jährlich rund zwei Wochen und in allen Diözesen jeweils zeitgleich – mit Fragen einer Kirche der Zukunft. Einige Beschlüsse wurden zudem gesamtschweizerisch koordiniert verabschiedet.[31]

Manche Anstösse der Synode 72 sind mittlerweile selbstverständlicher Alltag in unseren Pfarreien. Andere Anliegen harren weiter einer Einlösung. Von der obersten Kirchenleitung in Rom nicht aufgenommen wurden die Anregungen für die Priesterweihe von verheirateten Männern und die Wiedereingliederung inzwischen verheirateter Priester, ebenso wenig die Frage der Weihe von Frauen, mit der sich die Synode 72 nur «ganz vorsichtig» befasste. Im Hinblick auf die Zulassung von wiederverheirateten Geschiedenen zu den Sakramenten formulierte die Synode 72 einen sorgfältig ausgearbeiteten Fra-

---

31 Für die Diözese Chur siehe *Gasser, Albert:* Das Kirchenvolk redet mit. Die Synode 72 in der Diözese Chur, Zürich 2005.

genkatalog, der noch heute beeindruckt und zu einer pastoral verantwortlichen Lösung für bis heute ungelöste Probleme beitragen könnte. Die Beschlüsse der Synode mussten zwar von den Bischöfen bestätigt werden. In Chur hielt die Synode aber mit Zustimmung des Bischofs fest, dass die Demokratisierung der Kirche in der Bibel grundgelegt sei, weil dort von freien und gleichen Menschen gesprochen werde.

Das II. Vatikanische Konzil und die Synode 72 waren Grossereignisse, die jeweils mit einer ungeahnten Eigendynamik sehr viele Menschen bewegt und eine ganze Generation von Katholikinnen und Katholiken geprägt haben. Nie vorher haben die Bischöfe in ihren Ortskirchen und die oberste Kirchenleitung in Rom so sehr das Verlangen gespürt, die Menschen von heute und ihre Welt kennenzulernen und zu verstehen. Konzil und Synode haben zu kirchlichen und theologischen Aufbrüchen geführt, deren Wirkungen bis heute spürbar sind. Es ist wichtig, sich dieser Aufbrüche und ihrer Folgewirkungen kritisch bewusst zu werden in Zeiten, da weltabgewandte Geschlossenheit Zuspruch findet und der Geist von Konzil und Synode, aber auch deren Leitgedanken und Ergebnisse in den Hintergrund geraten.

Heute Kirche leben – mit neuem Mut und mit langem Atem

Konzilien und Synoden haben jeweils ihre eigene Geschichte der Realisation und Aneignung durch alle Glieder des Volkes Gottes. Dieser Prozess bewältigt verschiedene Etappen (Innovation, Stagnation, Kontroverse, Aneignung …).

Braucht es heute, 50 Jahre nach dem II. Vatikanischen Konzil und 40 Jahre nach der Synode 72, nicht erneut ein Konzil auf Weltkirchenebene oder zumindest für die Ortskirche Schweiz eine gesamtschweizerische Synode im Stil der Synode 72 – nicht als «Remake», sondern um mit neuem Pfingst-Atem den Reformgeist in der Katholischen Kirche wiederzubeleben? Für das Ziel, zeitlich begrenzt und auf wenige Themen konzentriert alle vorhandenen Kräfte in der Römisch-Katholischen Kirche der Schweiz neu zu bündeln, ist eine vertiefte Beschäftigung mit dem II. Vatikanischen Konzil und der Synode 72 sicher ein hilfreicher Blick zurück in die Zukunft.

Um als Kirche Glaubwürdigkeit wiederzugewinnen, braucht es auf jeden Fall beides: die Vertiefung des Glaubens und die Reform der Strukturen. Sie sind kein Gegensatz, sondern die zwei Brennpunkte in einer Ellipse. Denn auch Strukturen sind nicht einfach unschuldig, sondern predigen, vermitteln eine Botschaft. Die Amts- und Verantwortungsträger in der obersten Kirchenleitung sind gefragt, ob sie so in Gott verwurzelt sind, dass sie aus ihrem Beten zu Gott die Kraft beziehen, in einen ernsthaften Dialog über die Gründe pro und contra zu den einzelnen theologisch und pastoral relevanten Themen einzutreten und Veränderungen entschieden und beherzt anzugehen. Natürlich gilt es, sich bewusst zu sein, dass wir in einer Weltkirche leben und nicht erwarten können, dass in ihr sich alle nach unserem westeuropäischen Bewusstsein ausrichten. Sehr wohl aber kann von Bischöfen erwartet werden, dass sie in das weltkirchliche Gespräch das einbringen, was nach unserem Bewusstsein zu sagen ist.

Karl Rahner nannte das II. Vatikanische Konzil den «Anfang eines Anfangs». Das trifft auch für die Synode 72 zu. 50 Jahre nach Konzilseröffnung und 40 Jahre nach Beginn der Synode gilt es, aus der Kraft des individuellen und kollektiven Sich-Erinnerns an diese beiden grossen Aufbrüche in der Kirchengeschichte des 20. Jahrhunderts die Ziele und Anliegen des Konzils und der Synode wieder neu in den Blick zu bekommen, die Fäden wieder neu aufzunehmen und den Geist des Konzils und der Synode wiederzubeleben. Christinnen und Christen verstehen sich dabei – im Bewusstsein, dass die Zukunft Gottes immer grösser ist als die Vergangenheit unserer Traditionen und Ideale – nicht als Nachlassverwalter einer grossen Vergangenheit, sondern als Wegbereiterinnen und Wegbereiter für eine Zukunft, die in Christus auf uns zukommt. Das bekennen Christinnen und Christen ja in jeder Eucharistiefeier als das Geheimnis ihres Glaubens: «Deinen Tod, o Herr, verkünden wir, und deine Auferstehung preisen wir, bis du wiederkommst in Herrlichkeit» (vgl. 1 Kor 11,23–26).

So wird deutlich: Die Eucharistiefeier ist zwar «Quelle und Höhepunkt des ganzen christlichen Lebens» (*Lumen Gentium* II,11), aber keinesfalls Endstation unserer Sehnsucht, sondern notwendige Speise, um als Volk Gottes «auf dem Weg durch die Zeit» nicht unterwegs müde zu werden, sondern auf dem Weg zu bleiben «bis du wiederkommst in Herrlichkeit». In dieser Haltung gilt es, den Prozess, der mit dem II. Vatikanischen Konzil und mit der Synode 72 begonnen wurde, heute mit neuem Mut, mit langem Atem, in positiver Hartnäckigkeit und in engagierter Gelassenheit fortzusetzen – und dies im Vertrauen auf Gottes gute Gabe, seinen Heiligen Geist, seine Heilige Geist-Kraft: «Die aber, die auf den Herrn hoffen, empfangen neue Kraft; wie Adlern wachsen ihnen Schwingen, sie laufen und werden nicht müde, sie gehen und ermatten nicht» (Jes 40,31).

Mitarbeiterinnen und Mitarbeiter an diesem Band

Manfred Belok, Dr. theol., dipl. päd., Jahrgang 1952, ist Professor für Pastoraltheologie und Homiletik und Prorektor an der Theologischen Hochschule Chur.

Rolf Bezjak, Theologe und Supervisor, Jahrgang 1950, arbeitet als Gemeindeleiter der kath. Pfarrei St. Stephan Männedorf-Uetikon und ist seit 2003 Synodalrat der Katholischen Kirche im Kanton Zürich.

P. Josef Bruhin SJ, Dr. theol., Jahrgang 1934, Institut für weltanschauliche Fragen in Zürich, Schwerpunkte Staatskirchenrecht, Sozialethik.

Andreas Diederen, dipl. theol., Jahrgang 1969, ist Pfarreibeauftragter der kath. Pfarrei St. Marzellus in Gersau SZ.

Eva-Maria Faber, Dr. theol. habil., Jahrgang 1964, Professorin für Dogmatik und Fundamentaltheologie und Rektorin an der Theologischen Hochschule Chur.

Leo Karrer, Dr. theol. habil., Jahrgang 1937, Prof. em. für Pastoraltheologie an der Universität Freiburg i. Ue.

Walter Kirchschläger, Dr. theol. habil., Jahrgang 1947, Prof. em. für Exegese des Neuen Testaments an der Universität Luzern.

Helga Kohler-Spiegel, Dr. theol., Jahrgang 1962, ist Professorin für Religionspädagogik und Pädagogische Psychologie an der Pädagogischen Hochschule Vorarlberg in Feldkirch und arbeitet als Psychotherapeutin, Psychoanalytikerin und (Lehr-)Supervisorin.

Judith Könemann, Dr. theol., Soziologin M.A., Jahrgang 1962, war Leiterin des Schweizerischen Pastoralsoziologischen Instituts (SPI) St. Gallen und hat eine Professur für Religionspädagogik am Institut für Katholische Theologie und ihre Didaktik an der Katholisch-Theologischen Fakultät der Westfälischen Wilhelms-Universität Münster inne.

Daniel Kosch, Dr. theol., Jahrgang 1958, ist Generalsekretär der Römisch-Katholischen Zentralkonferenz der Schweiz.

Grégoire Müller, lic. theol., Jahrgang 1939, war Religionslehrer in St. Gallen. Er arbeitet als Gelegenheitskarikaturist und ist seit 2004 passionierter Pensionist.

Alois Odermatt, Dr. phil., dipl. theol., Jahrgang 1936, war zuletzt Geschäftsführer der Römisch-Katholischen Zentralkonferenz der Schweiz.